BIBLIOTHÈQUE
DE PHILOSOPHIE CONTEMPORAINE

NOUVEAU PROGRAMME

DE

SOCIOLOGIE

ESQUISSE D'UNE INTRODUCTION GÉNÉRALE

A L'ÉTUDE DES SCIENCES DU MONDE SURORGANIQUE

PAR

EUGÈNE DE ROBERTY

Professeur à l'Université Nouvelle de Bruxelles
Vice-président de l'Institut International de Sociologie

PARIS
FÉLIX ALCAN, ÉDITEUR
ANCIENNE LIBRAIRIE GERMER BAILLIÈRE ET Cⁱᵉ
108, BOULEVARD SAINT-GERMAIN, 108

1904

NOUVEAU PROGRAMME

DE

SOCIOLOGIE

NOUVEAU PROGRAMME

DE

SOCIOLOGIE

ESQUISSE D'UNE INTRODUCTION GÉNÉRALE

A L'ÉTUDE DES SCIENCES DU MONDE SURORGANIQUE

PAR

EUGÈNE DE ROBERTY

Professeur à l'Université Nouvelle de Bruxelles
Vice-président de l'Institut International de Sociologie

PARIS

FÉLIX ALCAN, ÉDITEUR

ANCIENNE LIBRAIRIE GERMER BAILLIÈRE ET Cⁱᵉ

108, BOULEVARD SAINT-GERMAIN, 108

—

1904

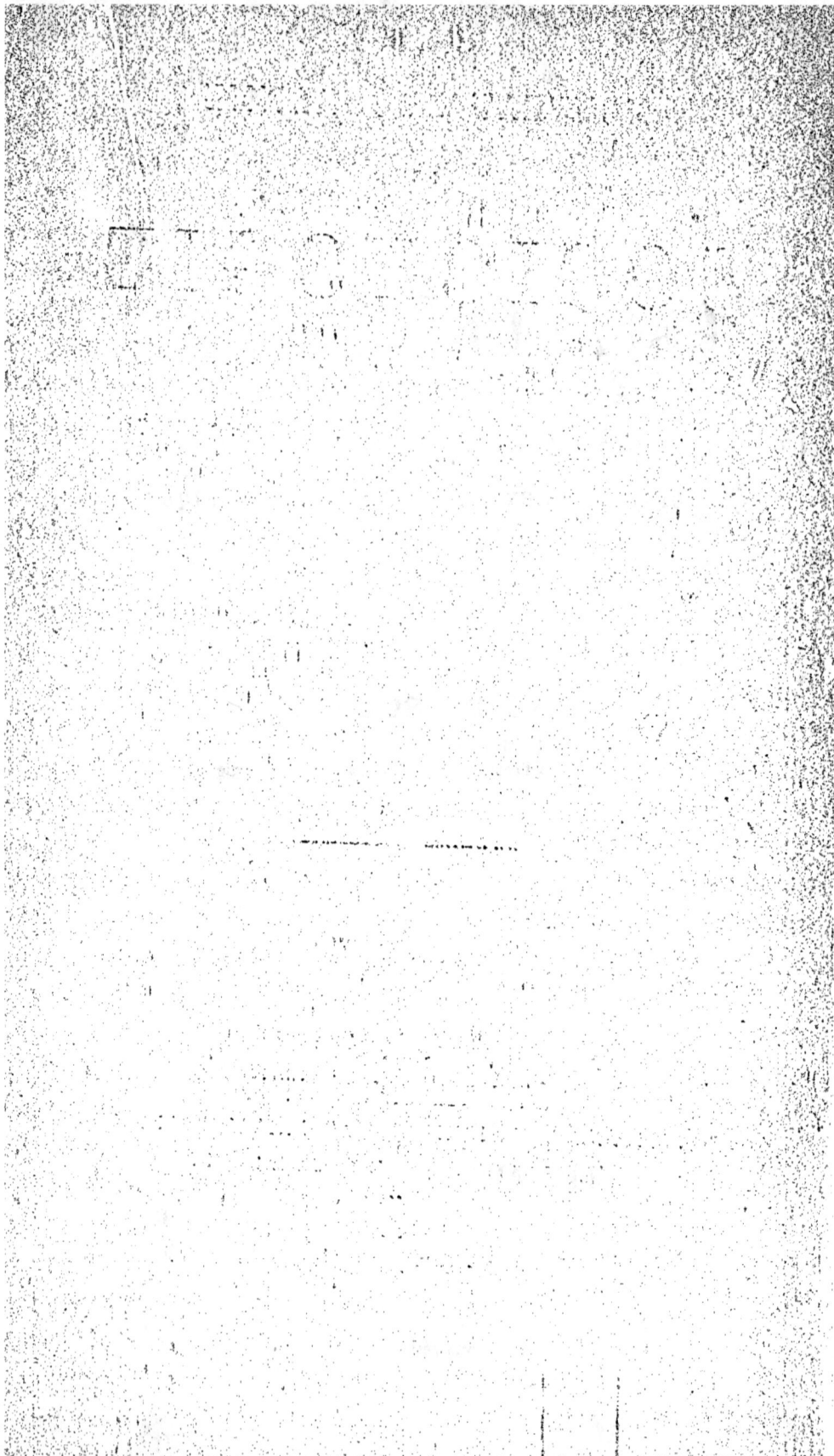

NOUVEAU PROGRAMME

DE

SOCIOLOGIE

LIVRE PREMIER

LE SURORGANIQUE DANS L'UNIVERS

CHAPITRE PREMIER

Introduction.

L'empirisme social. — Sa stérilité relative. — Échec de la théorie positiviste et des essais analogues. — Les trois points fondamentaux de ma doctrine sociologique.

Élever la connaissance empirique des faits sociaux au rang d'une théorie sûre et par là modifier d'une façon radicale, *rationaliser* les diverses technologies qui président immédiatement à l'action, à la conduite humaine, — il n'est pas, aujourd'hui, de besogne plus pressante.

1

Jeter les bases abstraites de la sociologie —
comme furent établies, dans l'ordre hiérarchique
si nettement aperçu et déterminé par Comte,
celles de toutes les autres grandes divisions du
savoir exact, — tel est le but manifeste et déjà
presque sympathique aux foules, déjà escompté
par leur optimisme impatient, vers lequel convergent les efforts des esprits réfléchis de l'époque.

L'histoire universelle des races, des peuples,
des États s'assimile à une immense « recherche »,
à une vaste « expérience » sociologique. Celle-ci
cependant n'a que fort peu et rarement profité aux
hommes. D'où vient cette impuissance? Comment
cette continuelle leçon de faits n'a-t-elle point
déjà abouti à des conclusions certaines, à des
règles d'action claires et précises?

Nous approfondirons en son lieu ce grave problème. Nous éluciderons la question des rapports
essentiels qui existent entre la « recherche expérimentale », origine première et source permanente
de toute connaissance, et « l'activité pratique »,
fin et résultat ultime de toute théorie, de tout
savoir spéculatif. Nous montrerons ces deux aspects
rationnellement si distincts de l'évolution psychosociale s'unissant, s'associant, s'entremêlant dans
la réalité historique pour produire la combinaison

mixte ou le composé désigné d'habitude par le terme large et général d'*expérience*. Nous découvrirons en même temps les racines profondes de l'illusion finaliste qui s'empare de notre volonté plus encore que de notre raison et qui fortifie sans cesse la confusion initiale.

Pour le moment, bornons-nous à ce constat : les faits historiques, les événements vécus, l'expérience accumulée des peuples ne s'accorda que d'une façon rare et intermittente avec la direction intentionnelle imprimée aux affaires sociales dans les mêmes groupes humains. Entre ce point de départ et cet aboutissement, il exista presque toujours une sorte de solution de continuité qui d'abord passa inaperçue, qui ensuite fut soupçonnée par quelques cerveaux d'élite, qui enfin frappa les précurseurs d'Auguste Comte et induisit ce dernier à entreprendre son œuvre rénovatrice.

Le fondateur de la philosophie positive voulut combler le vide déjà signalé par une foule d'écrivains. Son esprit mathématique sentait vivement la nécessité d'introduire entre la prémisse majeure de l'obscur syllogisme social et sa conclusion un terme moyen et explicatif. Ce terme fut la *sociologie*, la théorie spéciale de l'histoire que le positivisme s'évertua à construire.

J'ai indiqué ailleurs (v. *note 1*) les principales causes qui, à mon avis, firent échouer aussi bien la célèbre tentative de Comte que les essais analogues qui la suivirent et se multiplièrent bientôt à l'infini. D'une façon générale, ces causes se laissent ramener à l'absence d'une compréhension nette, sinon même à la méconnaissance totale des postulats objectifs et des conditions logiques de l'œuvre qu'on désirait accomplir.

On forma un grand nombre de conjectures sur l'essence, sur la nature intime des phénomènes sociaux. On rapprocha, on identifia ces phénomènes tantôt avec leurs racines organiques et tantôt avec leur floraison psychologique. On imposa à l'étude des rapports qui naissent de l'état social diverses méthodes avantageusement éprouvées en d'autres sciences. On réalisa de la sorte des progrès partiels certains et sérieux. Mais on ne réussit pas à vérifier, on ne put accepter comme vraie ou rejeter comme fausse aucune des hypothèses directrices en présence. Toutes restent jusqu'à ce jour engagées dans une lutte dont les chances paraissent sensiblement égales. D'autre part, en dépit des plus louables desseins, on ne parvint pas à atteindre l'une de ces vastes généralisations, à formuler l'une de ces lois fondamentales

qui gouvernent un ordre entier de faits et dont
la découverte marque le passage de l'empirisme
vague, subissant le joug de la spéculation philosophique, au savoir exact débarrassé d'une semblable
tutelle.

A mon tour, d'abord en partisan des principales
solutions proposées par Auguste Comte, et ensuite
comme leur adversaire ou en dissident déclaré de
la philosophie positive, je m'adonnai à la tâche
poursuivie par nos contemporains.

Certes, il ne m'appartient pas d'apprécier les
résultats d'un labeur qui, de ma *Sociologie* aux
quatre essais déjà parus sur l'*Éthique* considérée
comme le propre noyau de toute théorie sociale,
s'étend sur plus d'un quart de siècle; et moins
qu'à personne il me convient d'affirmer l'efficacité
d'un effort sans cesse tendu vers ces deux fins
logiquement et historiquement connexes : 1° la
constitution de la sociologie, problème qui se pose
en premier lieu et qui ne tolère pas d'ajournement;
et 2° la *constitution de la philosophie*, problème
d'une portée sociale plus grande encore, mais qui
dérive du précédent, qui s'annonce comme sa conséquence prochaine ou sa consécration légitime (2).
Mais, en revanche, un devoir strict m'incombe :
et c'est de toujours chercher à reviser, à éclaircir,

à étayer de preuves nouvelles, à coordonner et à amender, s'il y a lieu, mes thèses philosophiques et sociologiques.

Dans la première partie de cet ouvrage, je laisse entièrement de côté tout ce qui, dans mes écrits antérieurs, se rapporte à la seule réforme de la philosophie. J'y néglige également les nombreuses vues de détail, les explications et les théories sociologiques auxiliaires. Par contre, j'y résume, j'y fais ressortir de mon mieux les points essentiels et décisifs de ma doctrine sociologique.

Ces points comprennent : 1° une hypothèse fondamentale sur la nature du phénomène surorganique ; 2° une méthode particulière appropriée à l'étude des faits de cet ordre ; 3° une loi générale qui gouverne l'ensemble de leur évolution.

CHAPITRE II

Une hypothèse sur la nature du phénomène surorganique.

La différenciation conscientielle et ses suites chez les êtres vivants doués d'une cérébralité supérieure. — Le phénomène surorganique. — L'interaction psychophysique et l'interaction psychologique. — Le fait psychocérébral et le fait rationnel. — L'équivoque positiviste. — La version de l'école organique et celle de l'école psychologique. — L'hypothèse *biosociale*. — Dynamisme et finalité. — Premières conclusions. — Diverses façons d'envisager le phénomène surorganique. — Le fait abstrait et le fait concret. — La psychologie et l'histoire naturelle des sociétés. — Une autre face du problème. — La *spécificité sociale*. — « Être ou ne pas être ». — L'autogenèse de l'esprit. — L'*organisation* et la *socialisation*. — Psychologie collective et psychologie individuelle. — La conduite humaine.

Qu'est-ce que le phénomène *surorganique*? Existe-t-il en réalité? Quelle idée doit-on s'en faire aujourd'hui? Ne peut-on pas concevoir les faits qu'on désigne par ce nom nouveau — et qui sont

aussi anciens sans doute que les premières manifestations de la vie — comme tirant leur origine
d'une différenciation vitale *sui generis*, marquée
par les trois caractères fondamentaux suivants :

1° Que de latente elle ne devient, en vertu de
conditions encore mal déterminées, actuelle, qu'elle
ne se produit que dans un nombre minime
d'espèces vivantes.

2° Qu'elle revêt chez celles-ci deux aspects carac-
téristiques : *a*) chez les unes, elle demeure purement instinctive et, par suite, stationnaire, elle
s'offre ainsi que la ligne-limite où le fait surorganique se dégage à peine du fait organique, où il
tend à se confondre avec lui, comme dans les processus intracellulaires le phénomène vital tend à
se confondre avec le phénomène chimique (associations biologiques inchoatives, sociétés animales) ;
b) chez les autres qui, en vérité, semblent se
réduire à la seule espèce humaine douée d'une
cérébralité très complexe et très supérieure, elle
est, pour une petite fraction, instinctive, et pour
la plus grosse part, *consciente* ou intelligente, donc
modifiable et susceptible d'un long développement.

Et 3° enfin, que partout où elle se découvre et
à tous ses degrés, cette différenciation particulière

consiste à opposer le « moi » (l'individu biologique)
à l' « autrui » (les individus appartenant, comme
règle générale, à la même espèce), de façon à
établir entre ces deux termes une *interaction* constante et féconde en résultats, en *rapports* variés?

Pour expliquer un phénomène, il faut pouvoir
remonter à ses origines les plus reculées; mais
pour en faire une description et une analyse satis-
faisantes, il suffit de s'attacher à ses manifestations
les plus complètes. Nous nous bornerons donc,
dans les pages qui suivent, à étudier le fait surorganique tel que nous le dévoile la seule race
humaine.

Dans la vue formulée plus haut, on suppose que
la mise en présence ou la confrontation, pour ainsi
dire, indéfiniment renouvelée des divers « moi »
ou mentalités centripètes, avec les divers « autrui »
ou mentalités centrifuges, agit avec force sur cette
double série de consciences et tend à les transformer d'une manière radicale. Des sensations, des
perceptions, des représentations et, à leur suite,
des émotions, des désirs, des volontés très semblables, sinon identiques, surgiraient ainsi dans
les esprits longuement rapprochés et communi-
quant entre eux. Assujetties à l'ensemble de
conditions portant d'habitude le nom de « vie en

commun », les énergies cérébrales diffuses dans les cerveaux isolés se pénétreraient mutuellement, s'associeraient, se combineraient, de diverses façons. Dès lors, cessant de s'offrir comme des quantités *discrètes*, ces énergies s'affirmeraient ainsi que des quantités *continues*, et la *multiplicité* biologique ou vivante s'effacerait devant l'*unité* surorganique ou sociale.

Faiblement réalisée d'abord, cette sorte de contiguïté, de cohésion ou de cohérence des esprits se développe et s'affirme de plus en plus. La phénoménalité surorganique — il ne faut pas l'oublier — tient dans l'univers une place considérable. Elle y joue un rôle prépondérant. Elle s'y révèle par les plus riches moissons connues de faits. Ceux-ci cependant se ramènent tous, en dernière analyse, à deux grandes classes de causes, savoir : 1° l'action réciproque exercée les uns sur les autres par les états conscientiels simples, demeurés foncièrement organiques; et 2° l'action réciproque exercée les uns sur les autres par les états conscientiels offrant une nature mixte ou composée. Ces états naissent et évoluent sous l'influence directe et croissante de la réciprocité notée en premier lieu; on peut, par suite, les considérer comme le produit, l'effet constant d'une collaboration active

de celle-ci avec l'ensemble des propriétés purement
organiques.

A l'interaction cérébrale élémentaire — nous
l'appellerons *psychophysique* — s'ajoute nécessairement de la sorte une interaction complexe et
dérivée — nous la nommerons *psychologique*.
Après avoir fait surgir ainsi qu'une ébauche initiale, ainsi qu'une synthèse encore grossière, l'âme
du groupe primitif, — à la fois instable et très
restreint, très imparfait, — la phénoménalité
surorganique reprend sous main et retouche,
elle continue l'œuvre commencée. Elle se sert
de l'âme collective pour atteindre un but plus
éloigné, plus difficile, plus délicat. Elle fait éclore
« l'individu social », elle forme la « personne
morale », elle affine et perfectionne le merveilleux
microcosme qui renferme, qui représente en rac-
courci l'univers. En strict accord avec cette fin
ultime se poursuit et se déroule l'interaction psychologique, l'évolution lente des connaissances,
des croyances, des goûts, des modes de conduite,
des mœurs, des institutions, de tout ce qui sert à
l'établissement de groupes sociaux de plus en plus
stables, étendus et parfaits.

Les phénomènes surorganiques se distinguent
aussi bien des processus psychophysiques for-

mant leur base profonde, que des processus psychologiques s'offrant comme le produit immédiat
d'une combinaison intime des propriétés vitales
avec la floraison surorganique. Cette dernière
nous apparaît ainsi qu'une complication supérieure
des puissances de vie. Mais les mêmes nécessités
d'ordre méthodologique qui déterminent le biologue à ne pas assumer la tâche du chimiste, ou le
chimiste et le physicien à étudier séparément les
faits chimiques et les faits physiques, s'imposent
avec force à l'esprit du sociologue dont les recherches, pour être fructueuses, ne doivent pas empiéter sur le domaine des sciences voisines.

D'autre part, si le phénomène surorganique
succède au fait vital, il *précède* toujours le fait
psychologique. La première thèse est impliquée
dans la notion même du phénomène surorganique,
et la seconde dérive du constat que le fait psychologique (idées tant soit peu abstraites ou générales,
sentiments complexes, etc.) ne se produit jamais
ailleurs que dans un milieu social, c'est-à-dire,
jamais autrement qu'à la suite d'une communication, d'une transmission préalables, d'un cerveau à
un autre cerveau, dans la même espèce zoologique,
de représentations, d'émotions, de désirs, de volitions très simples ou ne dépassant pas l'étiage

psychophysique. Déjà postérieur et, en ce sens,
extérieur au fait vital, le phénomène surorganique
simple ou élémentaire est donc encore antérieur et
extérieur au fait psychologique.

Ces deux caractères différentiels suffisent pour
le classer à part, en une catégorie scientifique distincte. Un jour viendra peut-être où la phénoménalité surorganique sera entièrement ramenée à
ses origines immédiates, la phénoménalité organique. Mais ce jour ne semble pas proche, et avant
qu'il ne luise bien d'autres barrières auront croulé,
bien d'autres cloisons interscientifiques auront été
abattues. La grande loi évolutive qui se dégage de
la classification des sciences établie par Auguste
Comte, nous en est un sûr garant. Avant que la
« socialité » ne s'abîme dans la « vie », celle-ci
aura déjà sombré dans la « chimicité » ; et avant
que la vie ne soit devenue un vocable inutile et
surérogatoire, la chimicité aura disparu dans un
mode dernier et unique de l'énergie universelle.

Voilà pourquoi je ne me lasse pas de défendre
l'idée d'une sociologie *autonome*, occupant dans la
hiérarchie scientifique un rang pareil à celui qu'y
tiennent la biologie, la chimie, la physique et les
mathématiques. Et voilà encore pourquoi je pense
pouvoir ajouter à ma définition du phénomène

surorganique le développement suivant : c'est une transmutation *sui generis* de la *multiplicité organique* (espèce, race) en une *unité* plus haute ou *surorganique* (communauté, cité), accompagnée par la métamorphose de l'*unité organique* (égoïsme, isolement, symbiose parasitique) en une *multiplicité surorganique* (altruisme, coopération, solidarité). Cette définition — ai-je besoin de le dire? — ne vise à rien de moins qu'à faire de ce qu'on appelle le « sens moral » ou la moralité la base, le point de départ de toute sociologie qui ainsi s'assimilerait étroitement à l'éthique.

Quoi qu'il en soit, nous nous refusons aussi bien à substituer au fait surorganique le fait psychologique qu'à voir dans le premier une simple variété, une modification, un prolongement, dans le temps et l'espace, du second.

Le phénomène surorganique, avons-nous dit, s'exprime par l'action singulière et puissante que les idées, les sentiments, les émotions, les passions, etc., nés dans un ou plusieurs cerveaux, exercent sur les idées, les sentiments, les émotions, etc., nés en d'autres cerveaux. Mais une telle action, loin d'impliquer entre les processus psychologiques et le phénomène surorganique l'idée d'un rapport de cause à effet, exclut rigou-

reusement cette vue. Le phénomène surorganique
précède et détermine non seulement le *fait* psychologique, mais encore, à tous égards, l'*interaction*
psychologique ; car avant de se produire sous ce
dernier aspect, il se manifeste déjà comme simple
interaction psychophysique. Celle-ci devance, prépare et suscite nécessairement celle-là. Elle forme,
chez les êtres vivants qu'elle enlace de ses liens, la
période de début, la phase primitive qui tantôt
s'arrête brusquement (groupes zoologiques où prédomine le pur instinct), et tantôt se prolonge, se
développe en une nouvelle floraison qui, greffée
sur la précédente, lui fait porter les fruits précieux
de la réciprocité psychologique, source de toute
civilisation déjà humaine.

Dans sa première phase, la phénoménalité surorganique, encore rudimentaire, irradie du fait
psychocérébral ; elle se dissipe, elle se dépense dans
l'interaction *psychophysique* ; et celle-ci commande
à ces ensembles de rapports qui constituent la
famille sexuelle, l'élevage des petits, le pécorisme
des sociétés animales, le grégarisme des collecti-
vités stationnaires, etc. Dans sa seconde phase, la
phénoménalité surorganique, sinon complètement
épanouie, du moins lancée dans la voie d'une lente
évolution connue sous le nom de « progrès »,

irradie déjà du fait rationnel, à la fois *logique* et
téléologique; et elle se dissipe ou se dépense dans
l'interaction proprement *psychologique*, qui préside
aux destinées sociales de l'humanité, de l'espèce
vivante si justement désignée (d'après la première
et principale manifestation interpsychologique, la
connaissance) par le nom de *homo sapiens*.

En somme, et sans aller jusqu'à une assimila-
tion complète de la « réciprocité » psychologique
avec le mouvement *intermoléculaire*, par exemple,
qui semble constituer l'essence du phénomène
chimique, et du « fait » psychologique avec le
mouvement *intramoléculaire* auquel paraît se réduire finalement le phénomène physique (cette dernière comparaison n'eût été juste que si elle visait
le seul fait psychocérébral), nous croyons pouvoir
affirmer qu'il y a là deux ordres de faits bien distincts. Sur ce point, nous nous séparons nettement
de l'école psychologique moderne en sociologie.

Comme nous, cette école fait des phénomènes
d'interaction psychologique l'objet propre des
études du sociologue. Mais au lieu d'admettre,
avec nous, au moins par hypothèse, la réalité d'un
nouveau mode de l'existence universelle (ou de la
force dernière, au sens spencérien du mot), à
savoir, le mode surorganique ou social, elle pré-

fère ignorer cet aspect du problème. On pourrait penser que pour ses adeptes la question ne se pose pas ou qu'elle se résout d'avance d'une façon négative. L'interaction psychologique, semblent-ils vouloir dire, est un phénomène qui appartient essentiellement et originellement à l'ordre des faits psychologiques purs; on s'égare en cherchant sa cause ailleurs. En d'autres termes, le social n'est qu'un aspect du mental et, pour ainsi parler, qu'une vue de notre esprit qui tantôt renferme le psychique dans les bornes étroites d'un cerveau individuel (nous sommes censés alors faire de la psychologie basée sur la psychophysique) et tantôt abaisse cette barrière plus ou moins factice, laisse échapper le psychique au dehors et l'envisage en ses pérégrinations multiples dans différents cerveaux (nous sommes alors censés nous occuper de sociologie). Bref, pour l'école qui nous occupe, la science sociale s'identifie avec la psychologie dont elle ne forme qu'un chapitre particulier, quoique démesurément vaste.

Sans parler d'autres défauts ou d'autres inconséquences, cette manière — qui est très répandue — de comprendre la sociologie se condamne elle-même par là qu'elle consacre à son tour l'origine et le caratère social du fait psychologique. Nos

2

idées, nos sentiments, etc., affirme en effet l'école
en question, sont pour une grande partie le produit
du *milieu social*. Or, que signifie, que vient faire
un tel *deus ex machina*? Ce ne peut être l'interaction psychologique, puisque celle-ci se réduit, par
définition, au *seul échange*, entre divers cerveaux,
d'idées, de sentiments, etc., *déjà existants* en certains d'entre eux. Ce ne peuvent être non plus ni
la suggestion, ni la tradition, ni l'éducation, ni
l'imitation et ainsi de suite, toutes choses qui
précisément constituent le commerce intercéré-
bral. Le « milieu social » agirait-il donc dès la
prime élaboration, par les forces organiques ou
vitales, dans les cerveaux individuels, des produits idéologiques et sentimentaux plus ou moins
développés qui les meublent? Tous ceux qui pro-
fessent de croire à une origine sociale de nos états
conscienciels complexes sont logiquement obligés
de conclure en ce sens. Mais s'il en est ainsi, si
le fait psychologique qui comprend la *seule production* des richesses idéales, relève aussi bien du
milieu ou des conditions organiques que du milieu
ou des conditions surorganiques, le procès de
notre hypothèse essentielle semble définitivement gagné. Et il n'existe plus de motif valable
pour refuser d'attribuer, avec nous, aux conditions

surorganiques, au milieu collectif tantôt aveuglé-
ment nié ou méconnu, et tantôt implicitement
affirmé et subrepticement mis en avant, l'exclusive
paternité du fait social se réalisant dans et par
l'interaction psychologique.

Approfondissons encore ce sujet. On a souvent
fait cette remarque très juste, qu'il était naturel
« que les sociologues de la première heure s'ap-
pliquassent, en vue de simplifier les choses, à
découvrir une série de faits privilégiés, à laquelle
les autres séries pourraient être rapportées ».
Pour Montesquieu, plus tard pour Herder, plus
récemment encore pour Buckle, Léon Metchnikoff,
M. Demolins, l'élément, sinon unique, du moins
dominateur, est le climat, la configuration du sol,
les conditions physiques ambiantes ; pour les
physiocrates et les économistes du xviiie siècle
comme pour les marxistes de nos jours, cet élément
est la production matérielle ; pour M. Durkheim,
c'est encore un fait économique, la division du
travail ; pour MM. Kowalevsky et Coste, c'est un
fait en partie économique et en partie biologique,
l'accroissement de la population, — et ainsi de
suite. On a dit aussi que Comte, profitant de la
voie ouverte par Turgot et surtout par Saint-
Simon, considéra l'histoire d'un point de vue plus

large. Il fit de l'esprit humain, du fait psychologique par excellence, le fait générateur de l'évolution historique; et cela, prétend-on, ne l'empêcha
pas de conserver au phénomène social son caractère objectif, indépendant (3).

Sur ses traces marchèrent deux écoles : les organicistes — foule considérable, dominée par le nom
de Spencer et où se peuvent citer en outre, à
divers titres, ceux de Schaeffle, Lilienfeld, Gum-
plowicz, Letourneau, Mougeolle, Worms, Novi-
cov, etc.; et les psychosociologues — foule encore
plus nombreuse et très mêlée, composée d'esprits
supérieurs tels que Lazarus, Steinthal, Ihering, De
Greef, Fouillée, Tarde, Simmel, Leister Ward,
Baldwin, etc. (sans parler du vigoureux groupe
italien, de quelques Russes et des jeunes sociologues français) et de médiocrités aussi nulles
qu'encombrantes. Ces deux écoles tirèrent, des
prémisses contradictoires posées par Comte, des
conclusions dissemblables. Les organicistes, restés
fidèles à la doctrine qui voyait dans la psychologie
une simple section de la biologie, s'empressèrent
d'identifier le prétendu organisme social avec l'authentique organisme vivant. Et les psychosociologues qui écartaient ou niaient le premier rapport
d'égalité affirmé par Comte, s'attachèrent exclusi-

vement à faire ressortir la seconde identité par lui
admise, à savoir celle du fait psychologique et du
fait social.

Frappé par l'illogisme sous-jacent de la théorie
comtiste (comment concilier l'affirmation du caractère abstrait ou irréductible du phénomène social
avec la thèse qui ne vise à rien de moins qu'à
confondre ce phénomène avec le fait psychologique
déjà assimilé au phénomène vital?), je me suis
séparé de Comte aussi bien sur ce point que sur
quelques autres, d'une nature philosophique
encore plus grave peut-être. Mais une telle scis-
sion ne me rapprocha pas, elle m'éloigna plutôt
également des deux écoles qui, dans ce problème
essentiel, semblent s'être donné pour mot d'ordre
de rendre bien apparent, chacune à sa manière, le
cercle vicieux décrit par la pensée du fondateur de
la philosophie positive.

Le fait psychologique n'est pas, à mon gré, un
fait purement cérébral, comme l'enseignait, à certains moments, Comte, suivi dans cette voie par
ses disciples vitalistes de l'heure présente; ni un
fait simple et élémentaire, s'offrant ainsi que
l'ultime clef explicative des complications sans
nombre du monde social et de son histoire, comme
le laissait entendre, à d'autres moments, le même

grand penseur, suivi sur cette nouvelle route par
ses disciples de l'école psychologique moderne.
Mais c'est un fait composé, *biosocial*. La série des
phénomènes qui constituent ce qu'on appelle
« l'esprit » ou l'intelligence forme, à mes yeux,
le résultat concret d'une combinaison intime des
propriétés organiques de la matière étudiées par la
biologie, avec ses propriétés surorganiques qu'une
science abstraite fondée *ad hoc* a précisément pour
but de nous faire connaître. D'où cette conclusion
forcée : le phénomène surorganique ne pouvant,
ex definitione, être l'effet de son propre effet, ou
du phénomène psychologique, doit de toute nécessité posséder une cause indépendante, ou bien
encore, comme le Dieu de Spinoza, être sa propre
cause à lui-même. Et puisqu'il faut toujours com-
mencer par dénommer les choses, je donne à cette
cause le nom de *socialité* (décidément préférable à
celui de « psychisme social », dont j'ai également
fait usage).

Mes lecteurs habituels savent ce que j'entends
par ce terme. Il s'agit pour moi d'un mode nouveau et provisoirement irréductible de l'existence
universelle. Mais nul sens transcendant ne s'attache à ma conception. Tout s'y réduit à une
remarque des plus simples et maintes fois

faite. Voici, en deux mots, en quoi elle consiste.

Comme tous les autres faits naturels, les phénomènes surorganiques constituent essentiellement des *rapports* observés par nous entre les choses. Ces rapports nous servent à reconnaître les objets soit en les séparant les uns des autres, soit en les groupant ensemble. Nous arrivons ainsi à les *spécifier*, à les *classifier*, à les *généraliser* (à les ranger en espèces, en classes, en genres distincts). Mais chaque fois que ces rapports, qui mettent en évidence certains faits, n'arrivent pas à les rattacher à quelque classe plus vaste ou déjà connue, nous les qualifions d'*irréductibles*, nous en faisons la matière d'une science dite fondamentale ou abstraite. Et tels précisément nous apparaissent les rapports sur lesquels s'exercent la sagacité, les facultés de pénétration du sociologue.

Nous nous les figurons volontiers comme étant de deux sortes. Les uns, plus simples, résultent de la rencontre des énergies psychophysiques émanant des cerveaux isolés. Cette interaction primordiale nous semble être l'origine véritable de la conscience toujours *altruiste* et de la raison toujours *finaliste*, — donc, la source lointaine de nos idées et de nos sentiments moraux. Les autres, plus complexes, résultent de la rencontre des

capacités où pouvoirs rationnels et foncièrement
téléologiques formés sous l'influence de l'altruisme,
du sens moral initial. Et cette nouvelle interaction,
qui groupe et réunit les consciences déjà morali-
sées, nous semble être la cause déterminante de
tous les phénomènes ultérieurs de culture sociale,
de civilisation (1).

Cette première analyse suffit pour faire ressortir
le rôle en vedette joué dans les recherches du
sociologue par la forme ultime et définitive de la
« socialité », — l'interaction psychologique. C'est
elle qui, dans cette branche du savoir, tient, en
vérité, le sceptre du commandement. On s'en
aperçoit vite quand, des études statiques (ayant
pour objet « l'être social »), on passe en sociologie
aux études dynamiques (visant le « devenir
social »). Ici, grâce à son finalisme, notre raison
établit entre l'évolution des sociétés et l'évolution
des esprits un rapport qui est l'inverse de celui
qu'elle-même constate, dans ses recherches statiques, entre le fait social et le fait mental. Or, le
point de vue dynamique prévaudra toujours dans
les analyses du sociologue; et la méthode finaliste
— dont nous allons nous occuper dans le chapitre
suivant — y conservera sans doute aussi une
partie de sa valeur actuelle.

Concluons. La phénoménalité surorganique dépasse, en la prolongeant, la phénoménalité organique, comme celle-ci dépasse, en la continuant, la phénoménalité inorganique. Les modes successifs de l'être s'embranchent si étroitement les uns sur les autres qu'on pourrait, à la rigueur, décrire la physique comme une « mathématique physique », la chimie comme une « physique chimique », la biologie comme une « chimie vivante » et la sociologie comme une « biologie surorganique ». Au surplus, les définitions qu'on donne aujourd'hui des propriétés physiques, ou de la chimicité, ou de la vie, sont pour le moins aussi vagues et hésitantes que la ligne-frontière tracée plus haut, d'une main timide, entre le phénomène vital et le phénomène surorganique. Ne nous attardons donc pas outre mesure à justifier et à défendre — contre des attaques non seulement possibles, mais nécessaires et utiles — les bases logiques de notre conception. Tâchons plutôt de bien fixer le sens de quelques-uns des principaux termes par nous employés.

Le phénomène surorganique reste toujours pareil à lui-même : c'est essentiellement un phénomène d'*interaction* psychophysique ou psychologique. Mais nous pouvons l'envisager de trois

façons diverses : soit comme séparé aussi bien du
phénomène organique que du phénomène inorganique; soit comme uni au seul phénomène vital;
soit encore comme associé à la fois à celui-ci et
au phénomène inorganique. Dans le premier cas,
nous le considérons comme un fait *abstrait*; dans
les deux autres, comme un fait *concret*. Et nécessairement, si nous voulons le *connaître* sous
toutes ses faces, nous devons l'étudier en nous
plaçant tour à tour à chacun de ces trois points de
vue. Nous devons passer de la science abstraite,
unique par définition (pour chaque ordre fondamental de phénomènes), à la science concrète qui,
dans le cas particulier qui nous occupe, se
dédouble, s'offre sous l'aspect de deux disciplines
distinctes.

Nous n'allons pas rouvrir ici la misérable controverse du nominalisme et du réalisme. Futilités
énormes ou énormités futiles, les deux thèses ont
une valeur sensiblement égale. Leur moindre
défaut est de se présenter comme une lourde équivoque formée et entretenue par une gnoséologie
suffisamment ignare dans les matières qu'elle prétend approfondir. Nous dirons toutefois qu'affirmer
l'*irréalité* du phénomène abstrait pour relever,
grossir ou renforcer d'autant la *réalité* du phéno-

mène concret, nous semble une tentative qui va
directement à l'encontre du but que se propose le
nominaliste; et un reproche semblable atteint l'effort puéril du réaliste cherchant, inversement, à
diminuer la chose concrète au profit de l'idée
abstraite. Cette double jonglerie qui opère sur les
notions corrélatives du *tout* et de sa *partie* et qui
escamote, comme une muscade, tantôt l'un et
tantôt l'autre concept, forme encore de nos jours
le fonds et le tréfonds de plus d'une illustre théorie
de la connaissance. Mais elle fait décidément mau-
vaise figure dans la science exacte. Ni le biologue,
ni le chimiste, ni le physicien ne se battent les
flancs pour savoir si la vie, l'affinité chimique, la
pesanteur ou le mouvement — dont ils ne cessent
de découvrir et de formuler les lois — se doivent,
oui ou non, considérer comme de pures chimères.
Et cependant, plongés comme ils le sont dans la
phénoménalité concrète qu'ils examinent et scru-
tent de mille manières habiles, ils eussent pu,
semble-t-il, mieux que les métaphysiciens de la
connaissance, et à moins de frais, satisfaire sur ce
point capital leur curiosité et la nôtre.

Le sociologue fera sagement d'imiter leur exemple. A son tour, il étudiera, il analysera avec le
plus grand soin la double phénoménalité concrète

où le fait abstrait qui l'intéresse avant tout, la
socialité (l'interaction mentale simple ou complexe), se laisse atteindre par les sûres méthodes
expérimentales. Cette phénoménalité particulière
comprend : 1° la masse des faits et des processus
psychologiques; et 2° l'innombrable multitude des
faits et des processus qui, historiques ou actuels,
dévoilant la mentalité des générations disparues
ou révélant celle des générations présentes, portent d'habitude le nom de *sociaux*.

Dans la première classe, remplie de faits relativement simples, la pensée analytique constate la
fusion, la combinaison intime de deux sortes d'éléments abstraits : 1° la *vie* (le *quid proprium* encore
irréductible qui distingue les propriétés organiques
de la matière de ses propriétés inorganiques); et
2° la *socialité* primordiale, l'interaction exclusivement psychophysique (le *quid proprium* irréduit
qui distingue les propriétés surorganiques de la
matière de ses propriétés organiques).

Et dans la seconde classe, où pullulent les faits
plus complexes qu'un premier effort abstractif
groupe et enregistre sous les dénominations
variées de faits scientifiques, de faits religieux ou
philosophiques, de faits esthétiques et enfin de faits
pratiques ou téléologiques (ceux-ci, à leur tour,

divisés en faits techniques, économiques, juridiques, politiques, etc.), — la même pensée savante, soucieuse de pénétrer au cœur des choses, constate la présence et l'activité combinée de trois sortes d'éléments abstraits : 1° la *socialité* amplifiée et élargie, ayant évolué, se manifestant par l'interaction déjà entrée dans la phase psychologique ; 2° la *vie* figurant l'ensemble des forces ou propriétés organiques répandues dans l'univers ; et 3° l'énergie mécanique, le *mouvement* figurant l'ensemble des propriétés physico-chimiques et quantitatives des choses. Les faits sociaux et leur produit ultime, leur expression à la fois la plus particulière et la plus concrète, l'individu social, nous frappent ainsi que l'abrégé, le résumé succinct ou, dans toute la force du terme, l'authentique « microcosme » du monde.

Dans ses études sur la phénoménalité concrète qui enveloppe et contient, comme une somme sa fraction, cet élément abstrait — la socialité, le sociologue poursuit une fin unique : la connaissance approfondie des lois de l'interaction mentale. Par suite, il s'attache surtout à l'examen des faits où cette interaction, s'unissant aux deux autres aspects fondamentaux de l'énergie universelle, s'exprime avec le plus d'éclat et de puissance : les faits si justement désignés, ne fût-ce que pour cette raison seule, sous le nom de sociaux. Leur ensemble constitue un vaste domaine — l'*Histoire naturelle des sociétés* — qui est le champ principal d'opération, l'immense laboratoire où l'analyse du sociologue s'emploie à vaincre l'obstacle empirique, l'indistinction concrète des choses. Le champ principal, mais non l'arène unique; car le sociologue doit pouvoir également, ce me semble, diriger son enquête du côté des faits psychologiques plus simples. Il doit pouvoir, examinant le contenu des consciences individuelles, isoler déjà dans celles-ci l'un de leurs éléments formatifs, celui auquel nous donnâmes plus haut le nom d'interaction psychophysique. Sa tâche ne se confondra pas pour cela avec celle du psychologue qui analysera la même phénoménalité concrète en se plaçant à un tout autre point de vue.

Je dis « point de vue », car ce qu'on appelle communément « l'objet » d'une discipline scientifique représente beaucoup moins une dissemblance dans les choses ou les êtres observés qu'un changement dans la position prise à leur égard, de propos voulu, par l'observateur. Le psychologue étudie à son tour les sommes variables d'aptitudes surorganiques manifestées par les êtres vivants; il sonde, à son tour, le contenu des consciences individuelles. Mais au lieu d'envisager celles-ci dans leurs relations externes et réciproques, à la manière du sociologue, et dans les faits où de telles relations prennent corps et s'extériorisent d'une façon apparente, il étudie leurs rapports internes, il cherche à découvrir, en les démontant pièce par pièce, les ressorts les plus intimes du mécanisme de la pensée, il explique sa contexture intrinsèque et son évolution progressive ou régressive. Placé en face des mêmes réalités observables, il les traite d'une autre façon que le sociologue, par un ensemble de procédés s'adaptant à un but différent. En un mot, si la sociologie est une science abstraite et, partant, essentiellement inductive, la psychologie est une science concrète et, par suite, nécessairement déductive (5).

Cette distinction éclaire beaucoup de points obscurs. Elle permet, par exemple, de saisir la vraie cause de l'état de stagnation où croupissent les études psychologiques (distinguées des recherches psychophysiques qui rentrent dans le cadre de la biologie). En effet, au point où en sont les choses aujourd'hui, les progrès futurs de cette sociologie concrète élémentaire à laquelle on donne

le nom de « psychologie », semblent dépendre
surtout de la découverte, par la sociologie abstraite,
des lois les plus générales du phénomène surorganique. Tant que ces lois n'auront pas été établies
d'une façon précise, la psychologie restera ce
qu'elle est actuellement, un savoir empirique et
superficiel, souvent verbal, en tout cas radicalement incapable de nous fournir une explication
rationnelle des faits correspondants. Et il en sera
de même de cette autre branche concrète de la
sociologie, plus vaste et plus complexe encore,
l'histoire naturelle des sociétés. Pour qu'elle puisse
définitivement se transformer en « science naturelle » des agrégats sociaux, il faut, croyons-nous,
qu'elle trouve à s'appuyer sur sa base abstraite, la
connaissance des lois essentielles qui gouvernent
l'interaction mentale (5 bis).

Arrêtons-nous quelques instants sur une autre
face du problème qui, ayant pour but d'élucider les
vrais rapports de la sociologie avec la psychologie,
se rattache d'une manière étroite à la question de
la « spécificité sociale » distinguée de la « spécificité vitale ». Implicitement contenue dans l'échelle
des sciences abstraites d'Auguste Comte, cette
différenciation importante se décolore pourtant et
s'efface presque, ainsi que nous l'avons vu, sous

la plume même de l'auteur du *Cours de philosophie positive*, par suite des idées vagues de ce philosophe sur la nature du fait psychologique. Au temps de Comte et même un quart de siècle plus tard, personne ne se risquait à admettre la spécificité du fait social, à laquelle on opposait, d'habitude, le caractère prétendu irréductible du phénomène mental. C'est vers cette époque que parurent les premières études sociologiques où, formulant ma théorie du savoir abstrait et du savoir concret, j'exposai mon hypothèse sur l'origine complexe et la double nature des faits et des processus psychologiques.

Quoi qu'il en soit, le problème de la spécificité sociale, soulevé, mais non résolu par Comte et son disciple Littré, attira souvent, à divers titres, l'attention des sociologues. Et encore aujourd'hui, il ressuscite dans leurs préoccupations, il s'y fait une place considérable, il y prend une envergure hamlétienne : *être ou ne pas être,* — il ne s'agit de rien de moindre, pour la jeune science des sociétés, aux yeux des plus compétents écrivains sur ces matières (6).

J'estime qu'on n'a pas tort de discuter à nouveau cette question primordiale. Mais je pense aussi qu'on ferait bien d'en élargir les termes, de façon

à embrasser dans une seule formule non seulement
la spécificité sociale distinguée de la spécificité
vitale, mais encore celle-ci distinguée de la spécificité mécanique. Car la difficulté est exactement la
même dans les deux cas, et vaincue dans l'un, elle
perd beaucoup de son pouvoir obstructif dans
l'autre. Du reste, et pour prêcher d'exemple, voici
comment je conçois les données essentielles du
problème ainsi généralisé et la solution — toujours
hypothétique selon moi — qu'il comporte.

L'*autogenèse* de l'esprit, ou de son contenu idéologique, émotionnel et volitif, me semble constituer
désormais une doctrine totalement insoutenable,
pour ne pas dire absurde. Tout ce qu'un cerveau
humain renferme de phénomènes psychophysiques ou, d'une façon virtuelle, de phénomènes
psychologiques et de faits, d'événements sociaux,
lui vient du dehors, doit être considéré comme un
produit adéquat de l'univers qui l'environne (selon
une juste interprétation du rapport essentiel : le
monde est ma ou notre représentation du monde).
Mais l'univers omnicompréhensif, la réalité méso-
logique omniprésente se laisse sectionner par
l'analyse abstraite; et la raison qui préside à ce
processus diviseur nous sollicite à rechercher les
éléments fondamentaux et ultimes qui, composant

le monde, nous composent nous-mêmes ; elle nous
sollicite en outre à établir entre eux un lien causal,
à les ranger dans un ordre sériel fixe, qui est celui
où ils apparaissent et se reproduisent de la façon
la plus constante dans notre conscience.

Suivons le vœu rationnel. L'univers (la question
de son infinité mise à part) nous semble pouvoir
être figuré, en dernière analyse, par trois cercles
ou sphères concentriques. La sphère extérieure
par rapport aux deux autres embrasse la phénoménalité physico-chimique, nécessairement quan-
titative, spatiale et temporelle, c'est-à-dire toutes
les propriétés et tous les attributs qui constituent
non pas la matière opposée à l'esprit ou à l'idée,
comme on le dit d'habitude, mais le monde dans
son ensemble non différencié. Dans cette sphère
périphérique s'inscrit une première sphère interne,
remplie par la même phénoménalité universelle,
mais déjà modifiée ou développée à la suite d'un
processus préalable auquel on peut donner le nom
d'*organisation*. Ce processus s'offre comme l'inconnue du problème, l'*x* mystérieux que notre
raison, appuyée sur l'expérience, tend à dévoiler
— en dépit des objurgations pressantes cherchant
à lui prouver la vanité d'un tel propos. Dans le
domaine ainsi délimité — la sphère biologique —

s'enclave enfin un dernier îlot : il contient la phénoménalité universelle non seulement organisée,
mais ayant encore subi une nouvelle modification,
un nouveau développement qu'on peut désigner
par le terme de *socialisation*. Celle-ci s'offre à son
tour comme la donnée inconnue, l'*x* du problème
que les sociologues, les moralistes, les psychologues et, en général, tous les investigateurs de la
phénoménalité surorganique s'efforcent à résoudre.

Organisation et socialisation, tels sont les deux
grands moules où vient *successivement* se jeter la
coulée uniforme des phénomènes mécaniques avant
de resurgir à nos yeux étonnés, d'abord, sous
l'aspect riant et grouillant du phénomène vital, et
ensuite, sous l'aspect plus curieux et plus déroutant
peut-être du phénomène surorganique, de la capa-
cité consciente, de la faculté judiciaire, soit collective, soit individuelle.

J'ai parlé d'une gradation fixe. En effet, le
surorganique se greffe toujours sur l'organique et
celui-ci sur le mécanique. Jamais l'ordre inverse
ne prévaut. Il est, par suite, présumable que les
deux transformations successives qui nous occupent
se réduisent, en fin de compte, à un processus
fondamental unique, mais, pour ainsi dire, redou-
blé. Ce processus serait essentiellement une *inter-*

action s'exerçant, uno *première fois*, entre certaines parties constituantes de la phénoménalité universelle ou mécanique, et une *seconde fois*, entre certaines parties constituantes de la phénoménalité qui apparaît et se forme à la suite de l'interaction primordiale. Dans un cas, celui de « l'organisation », des énergies mécaniques localisées dans ou développées par certaines substances chimiques (dont la nomenclature semble bien établie aujourd'hui) agissent les unes sur les autres, en règle générale, par *contact direct*. Et, dans l'autre cas, celui de la « socialisation », les mêmes énergies, mais déjà modifiées par l'interaction première et localisées dans ou développées par certains éléments histologiques (dont le cerveau humain offre les plus riches échantillons) agissent les unes sur les autres, en règle générale, *à distance*.

On le voit, un petit nombre de conditions toujours pareilles s'ajoutent et se superposent les unes aux autres, qui changent graduellement l'aspect primordial de la phénoménalité universelle ou mécanique. Et c'est le caractère constant (et non modifiable par notre effort) de ces conditions qui nous induit à former le concept d'une réalité vitale distincte de la réalité mécanique, et celui d'une réalité sociale opposée à la réalité vitale.

Ces concepts sont et restent justifiés tant qu'on ne
leur attribue pas un autre sens. Quant au processus évolutif, à la double « interaction » que ces
causes permanentes accompagnent et déterminent, elle tendrait plutôt à établir un lien solide,
une union durable entre l'organisme vivant et la
société. Si la vie, en effet, *socialise*, pour ainsi dire,
certains aspects de l'énergie mécanique, la société
fait-elle autre chose qu'*organiser* certaines formes
de l'énergie vitale?

Quoi qu'il en soit, du reste, mais de même que
le grand fait de l'*organisation* sert de point de
départ à une science abstraite qui étudie les phénomènes de la vie végétale et animale, le grand fait
de la *socialisation* sert de point de départ à une
autre science abstraite qui étudie les phénomènes
de la pensée et de la conduite collectives et individuelles.

L'une embrasse le monde entier des phénomènes
organiques, et l'autre, le monde entier des phénomènes surorganiques qui comprend aussi bien les
faits ressortissants à la psychologie dite collective
que ceux dont s'occupe la psychologie dite individuelle. Toutefois, une distinction très nette s'impose à ce dernier égard. Dans le domaine des faits
du premier ordre, l'interaction qui, rapprochant

et associant les éléments psychophysiques épars dans les individus, réussit à faire éclore les diverses mentalités collectives et préside ainsi à la formation réelle des groupes correspondants (famille, tribu, caste, classe, nation, foule, etc.), cette socialisation se manifeste d'une manière ouverte et surtout *directe*. Le processus évolutif dans ce cas est en quelque sorte primaire, simple, spontané ; il ne dépend que des conditions générales qui toujours et partout règlent sa marche. Aussi la psychologie collective trouve-t-elle facilement une place parmi les branches essentielles de la sociologie abstraite, où elle se confond sur plus d'un point avec l'éthique, la science des mœurs, des rapports entre les unités d'un même groupe ou de groupes distincts.

Il en est autrement des faits psychiques dits individuels (et déjà différenciés des phénomènes cérébraux purement biologiques). Quand la démarcation entre ces deux séries phénoménales voisines est nettement établie, il appert que, contrairement à ce qui se passe pour le fait psychophysique, le fait psychologique ne peut se produire que dans des cerveaux déjà unis à d'autres cerveaux, déjà affiliés, pour ainsi dire, à un groupe ou à plusieurs groupes plus ou moins forts et vivaces. En d'autres termes, la

manifestation psychologique présuppose nécessairement l'existence d'une mentalité ou de plusieurs
mentalités, d'une âme ou de plusieurs âmes collectives qui façonnent et modèlent à leur image
l'âme des individus biologiques. Il s'ensuit que la
socialité qui, d'après notre définition, rapproche
et unit, ou organise et systématise les éléments
cérébraux diffus dans le monde, ne fait en ce cas
que prolonger, continuer — ou encore perfectionner
— l'œuvre qu'elle avait déjà commencée par
ailleurs, dans des conditions plus générales et plus
simples. Ce n'est pas d'une façon directe, mais
bien par l'intermédiaire du psychisme éthico-col-
lectif, que l'interaction mentale se manifeste dans
le fait psychologique qui ainsi s'offre comme un
phénomène essentiellement *dérivé*, formant l'objet
d'une évolution secondaire et complexe. Ce phénomène, en outre, reste toujours bilatéral ou
doublement composé. Nous y trouvons facilement
la trace de deux sortes d'influences qui s'unissent
et se combinent pour l'enfanter : celle du groupe,
du milieu moral, de l'âme collective dont je viens
de parler, et celle des idonéités, des dispositions,
des idiosyncrasies organiques des cerveaux où s'élabore la mixture psychosociale.

Telles sont, brièvement indiquées, les princi-

pâles raisons qui m'ont poussé à croire que la
psychologie dite individuelle gagnerait à être
séparée de la sociologie abstraite; ou que la première de ces études devait former aujourd'hui une
discipline descriptive pareille aux branches *semi-*
concrètes qui alimentent de certains faits le savoir
biologique (botanique, zoologie, etc.); — cela,
en attendant qu'elle puisse, grâce aux progrès de
la sociologie et de la biologie, se développer en une
véritable science *concrète* au sens que je donne à
ce terme, c'est-à-dire en un savoir dérivé, plutôt
déductif qu'inductif, qui étudiera les fonctions
essentielles de l'esprit de l'homme vivant au
milieu de ses semblables, à la lumière aussi bien
des lois et des conditions organiques de la pensée
que des lois et des conditions historiques de l'évolution sociale.

Mais la reconnaissance du caractère concret de
la psychologie ne saurait entraîner avec elle l'exclu-
sion, du domaine de la sociologie abstraite, des
faits psychologiques eux-mêmes. Ces faits, qu'ils
restent collectifs ou deviennent individuels, remplissent, en vérité, les cadres de la sociologie tout
entière. De même, les faits cosmiques de toute
espèce et les phénomènes biologiques concrets, la
faune et la flore du globe, forment le contenu

réel, l'objet propre sur lequel opèrent les sciences
du monde inorganique (physique et chimie) et la
science abstraite de la vie.

J'ai déjà dit que le sociologue se place, dans ses
analyses, à un tout autre point de vue que le psychologue. J'ajoute que si, d'accord avec ce dernier,
il voit dans les phénomènes psychiques individuels le produit commun de la vie, de l'interaction
physico-chimique, et de la socialité, de l'interaction psychophysique, il ne se préoccupe en aucune
manière de déterminer la part de chacun de ces
éléments constitutifs ou des lois générales qui les
gouvernent, dans la production du phénomène
concret et de ses lois propres. Il laisse ce soin au
psychologue.

En revanche, il considère les phénomènes psychiques individuels comme l'expression la plus
haute, le résultat le plus précieux de l'évolution éthico-sociale qui forme le grand objet de
ses études. La structure téléologique de l'esprit
humain l'incite, en outre, à attacher à tous ces
phénomènes — nos idées, nos sentiments, nos
désirs, nos passions, etc. — un sens rationnel, à leur
attribuer le caractère de « motifs », de conditions
nécessaires qui déterminent notre vouloir et notre
activité. La matière de la psychologie individuelle

se transmue ainsi aux yeux du sociologue en une série de causes finales capables de susciter, de faire naître, non pas les faits sociaux indistinctement — cette matière étant elle-même un fait social, — mais une catégorie unique de tels faits, connue sous le nom de *conduite*. En d'autres termes encore, les faits psychologiques subjectifs ou « personnels » acquièrent, dans la sociologie objective et scientifique, la signification de *facteurs sociaux*. C'est par leur influence que le sociologue « explique » la partie sans comparaison la plus manifeste, sinon la plus importante, des divers processus sociaux, à savoir, tout ce qui, dans ces processus, porte le nom de *fait* au sens strict du terme, d'événement soit accompli ou devenu historique, soit s'accomplissant ou contemporain (*6 bis*).

CHAPITRE III

Une méthode particulière de recherche et de controle.

La méthode inductive (ou historique) en sociologie. — La méthode déductive. — Le besoin d'explication rationnelle. — L'induction invertie ou la méthode finaliste. — La catégorie logique des causes finales. — Retour au point de vue causal. — Monisme et finalité.

Passons au deuxième point essentiel de notre doctrine sociologique.

La méthode déductive qui rend de si grand services aux sciences mûres, riches en vastes généralisations maintes fois vérifiées, et qui joue aussi un rôle prépondérant dans les sciences concrètes comme la psychologie par exemple, où toutes les « uniformités de coexistence et de succession » se laissent déduire de lois plus générales établies en d'autres branches du savoir, cette méthode convient fort peu aux périodes de début des sciences

abstraites telles que la biologie ou la sociologie.
Ici, la méthode inductive est la seule qui puisse
conduire à des résultats tant soit peu sûrs.

Le sociologue de l'époque présente doit étudier
les faits sociaux à la manière du naturaliste,
d'une façon dite objective, par la méthode historique de constatation, par la méthode statistique
de confrontation. Il doit observer, classer, sérier
les états sociaux et les évolutions sociales complexes, les analyser, les disséquer, chercher à en
dégager les états et les évolutions de plus en plus
simples. Il évitera avec soin de se renfermer, dès
ses premiers pas, dans la contemplation exclusive de ce qu'on appelle la psychologie intime des
acteurs ordinaires et extraordinaires des drames
historiques. Ainsi trouvera-t-il un certain nombre
de lois sociales empiriques. Et c'est alors qu'il
pourra utilement songer à satisfaire le besoin
d'explication rationnelle (d'adaptation des choses
externes au mécanisme interne de notre pensée)
qui le tourmente et ne lui donne pas de repos.
Toutefois, pour faire rentrer dans l'ordre logique
les similitudes et les disparates d'observation et
d'expérience où s'exprime la socialité (l'inconscient social), il lui faudra avoir recours, non plus
à la méthode inductive, et encore moins à la

méthode déductive, mais à une marche spéciale
de l'esprit à laquelle on peut donner le nom de
méthode finaliste.

Cette marche, qui est tout l'opposé de la marche
déductive (de la cause générale à l'effet particulier),
ressemble à l'induction d'une façon extérieure et
formelle; car le sillon qu'elle ouvre dans le cerveau,
le chemin qu'elle y trace est placé sous le même
signe, porte la même indication : *du particulier au
général*. Mais sous tous les autres rapports, la
méthode finaliste diffère radicalement de l'induction. Pour celle-ci, qui se borne à conclure d'un
nombre limité de cas particuliers à tous les cas
semblables, un effet reste toujours un effet, et une
cause, une cause. Et pour celle-là, l'effet se transforme régulièrement en mobile, en raison explicative, appelée encore « cause finale ».

Selon l'esprit de la méthode finaliste, nul besoin
ne se fait sentir de rattacher les lois sociales empiriques aux lois psychologiques et encore moins à
quelques vagues connaissances sur la nature
humaine, ainsi que le recommandèrent expressément Comte et Stuart Mill (tentative non pas prématurée, mais stérile et illusoire, implicitement
liée au postulat que le phénomène psychologique
ne doit rien, sous le rapport de ses origines, au

phénomène social, qu'il en est complètement indépendant). Pour expliquer d'une façon rationnelle
les inductions du sociologue, il suffit déjà, en
vérité, de les soumettre à l'inversion finaliste, de
les construire téléologiquement.

Il faut, pour cela, les ranger en une vaste série
où les effets — les *réactions* intenses et constantes
qui se produisent dans le monde social et principalement les phénomènes psychologiques les plus
complexes : idées, croyances, sentiments de toutes
sortes, caractères, habitudes mentales, etc., — se
substituent à leurs causes, telles, par exemple,
que les conditions surorganiques secondaires (ou
de « milieu historique »), tradition, enseignement,
imitation, en un mot, tout ce qui constitue le
« commerce déjà développé des âmes » ; ou, remon-
tant plus loin, telles que les conditions surorganiques primaires (de « milieu préhistorique »),
altruisme sexuel et familial, sympathie grégaire,
groupements primitifs, tout ce qui éveille ou suscite le sens moral, ce qui contribue à former les
consciences et à les investir de pouvoirs rationnels.
Ces conséquences, dis-je, se substituent, dans le
raisonnement téléologique, ou d'après les « canons »
de la méthode finaliste, à leurs antécédences. Elles
nous apparaissent non plus comme des résultats

(contingents ou inévitables), mais comme des buts que nous nous posons (soit librement, selon la vue antique, soit en vertu d'une stricte détermination, selon la croyance moderne), et que nous cherchons à atteindre en recourant, à cet effet, en guise de moyens (emploi, à son tour, envisagé comme libre ou déterminé), à leurs antécédences réelles.

En d'autres termes, un but est à nos yeux un mobile qui nous pousse à penser, à sentir, à agir d'une certaine façon. Et nous ne sommes que trop enclins à oublier (l'exemple de la plupart des théories criminologiques en fait foi) que tout motif est originellement une *réaction* plus ou moins violente, un *choc en retour* de l'effet déjà produit et existant. C'est la marche en arrière de la balle qui, lancée avec force et heurtant un autre corps, rebondit en vertu de sa propre élasticité. Mais tandis qu'en mécanique et dans toutes les sciences de la nature inerte et même de la nature vivante, de telles réactions se rangent dans la catégorie des causes auxiliaires, qui compliquent le phénomène initial sans jamais pouvoir le remplacer (causalité pure), il en est différemment dans les sciences du monde surorganique, de la nature devenue raisonnable (en sociologie abstraite aussi bien qu'en psychologie concrète). Ici, ces réactions, peut-être déjà par suite de leur extraordinaire multiplicité et de leur puissance accrue, et sûrement par suite de leur identité essentielle avec les phénomènes de conscience qu'elles servent à constituer et à manifester, ici ces réactions, dis-je, dominent le phénomène primitif et tendent constamment à prendre sa place (finalité).

Ainsi se forme dans notre esprit, le plus souvent à son insu, une catégorie logique particulière : les *causes finales*. Si nous n'hésitons jamais à discerner des buts ou des motifs dans la foule des réactions psychologiques qui constituent notre moi conscient, et si, au contraire, nous nous abstenons de qualifier de la même manière les nombreuses réactions qui s'entre-croisent et s'enchevêtrent dans les organismes vivants (sans parler déjà des réactions physico-chimiques et mécaniques), c'est que, je le répète, dans le premier cas, des pouvoirs rationnels surgissent, qui influent sur leurs propres causes, qui tendent à les déterminer à leur tour (en les faisant descendre au rang de moyens). Or, rien de semblable n'a lieu, du moins de façon consciente, dans le second cas (7).

En somme, l'étude inductive des faits sociaux, loin d'empêcher, prépare et facilite leur explication

4

rationnelle, — celle-là même dont Comte et l'école psychologique ont fait et continuent à faire un si large usage, en nous la présentant toutefois d'une façon constante comme une explication *causale.* Il y a là, entre l'école psychologique et nous, un dissentiment des plus graves. Il serait fastidieux d'insister sur ce point. Bornons-nous donc à constater que, tandis que Comte et les psychosociologues contemporains envisagent les phénomènes intellectuels et émotifs à peu près comme le chimiste, par exemple, considère les conditions physiques par rapport aux processus chimiques, nous y apercevons des effets constants et nécessaires qui, devenus pour notre raison des fins, jettent sur leurs propres causes une clarté *sui generis* et dont il faut bien connaître la nature si l'on veut s'en servir utilement. Pour nous, pouvons-nous dire encore, expliquer les faits sociaux par les faits mentaux ne signifie pas, comme pour les positivistes et l'école psychologique, chercher à déduire les premiers des seconds. Tout au contraire; et la méthode finaliste, telle que nous entendons qu'on la pratique, tendrait plutôt à rendre un jour accessible la déduction diamétralement opposée.

Quoi qu'il en soit, à notre sens aussi bien qu'aux yeux de nos contradicteurs, les faits psychologi-

ques considérés à un point de vue spécial (ou
comme exprimant l'action réciproque que les cerveaux humains exercent les uns sur les autres),
remplissent, à eux seuls, à quelques hypothèses
initiales près, les cadres de la sociologie. Il suit de
là que le premier soin du sociologue devra être de
nous donner une classification de ces faits aussi
large, aussi générale que possible, une échelle
qui s'étende à la mentalité sociale tout entière,
qui embrasse la totalité de ses manifestations, qui
n'oublie aucun de ses produits (8).

Cette échelle, j'ai cherché à la construire. J'y
ai distingué quatre groupes fondamentaux de faits
connus sous les noms de science, de philosophie
(et respectivement de religion), d'art, enfin d'action ou de conduite. J'ai essayé de montrer
que toute interaction psychologique se résout en
une transmission ou un échange soit de connaissances particulières (d'idées et d'émotions scientifiques), soit de croyances ou de convictions
générales (d'idées et de sentiments religieux ou
philosophiques), soit de conceptions, de sentiments
et d'émotions esthétiques, soit enfin d'idées, de
sentiments et d'émotions techniques ou pratiques
(c'est-à-dire de phénomènes appartenant aux
trois premières catégories, mais déjà transformés

par les processus *volitifs* et résolus en *actes*).

Tous les événements sociaux sans la moindre exception se laissent ramener, en dernière analyse, à ces quatre grands groupes de faits psychologiques, qu'on peut par suite envisager comme leurs causes ou leurs *facteurs*. Facteurs au sens à la fois axiologique et téléologique du terme signifiant : 1° que toute *valeur* sociale, toute chose qui se range, à nos yeux, sous les signes du *bien* et du *mal* (et surtout du bien moral et du mal moral), rentre nécessairement dans l'une ou l'autre de ces classes ; et 2° que celles-ci contiennent toutes les prémisses rationnelles ou *causes finales*, tous les mobiles ou *motifs* sous l'influence desquels se manifestent, se reproduisent, se développent les phénomènes d'interaction psychologique ou de socialité proprement dite.

La nécessité et l'extrême facilité avec lesquelles se forme, dans notre cerveau, ce rapport essentiellement finaliste, constituent le trait le plus saillant, le caractère différentiel fondamental des sciences du monde surorganique. Mais l'emploi régulier, en sociologie, de l'inversion téléologique ne doit pas bannir de cette branche du savoir les procédés de recherche familiers aux autres sciences, les méthodes qui relèvent du principe de causalité pure. Celles-ci viendront constamment corriger, par leur généralité plus grande, ce que la spécificité de l'explication finaliste offre d'étroit et d'unilatéral. Sous peine de voir ses plus subtiles analyses dégénérer en une ratiocination vide et inféconde, le sociologue s'efforcera d'atteindre, par des moyens et des arrangements conformes, la filiation, la genèse directe des phénomènes sociaux. Arrêtons-nous quelques instants sur cette nouvelle et sérieuse face du problème méthodologique dans la science sociale.

Comment s'effectue ici le passage du point de vue téléologique au point de vue causal? Et pourquoi, en somme, s'il faut que, tôt ou tard, cette transition s'accomplisse, le sociologue persiste-t-il à s'embarrasser de l'explication téléologique que les sciences de la nature extérieure ont si grand soin d'éviter et de proscrire?

Nous avons dit en quoi consiste la recherche qui, après avoir décomposé les faits et les événements complexes en une longue suite de buts (ou causes finales) et de moyens (ou causes intermédiaires et rigoureusement adaptées aux fins poursuivies), remonte toujours des premiers aux seconds. Et nous avons caractérisé cette sorte d'analyse comme jetant sur les objets une lumière

spécifique qui, selon les cas, intensifie et clarifie
notre vision des choses, ou trouble notre vue et
la déforme. Employée sans discernement, étendue,
par exemple, aux sciences où la finalité ne saurait
jouer un rôle que dans l'invraisemblable hypothèse
hylozoïste ou plutôt « hylonoïste », douant la
nature entière de vie et d'intelligence, la méthode
téléologique nous induit en de nombreuses illusions et de regrettables méprises. Au contraire,
habilement maniée — nous dirons de suite comment — et restreinte aux processus et aux actes
offrant un caractère surorganique, la même
méthode fait sortir de la pénombre où elles se
dérobent à nos regards curieux, les causes efficientes des phénomènes sociaux, les *veræ causæ*
qu'il importe tant au sociologue, comme à tout
savant, de connaître et de déterminer.

Aucune alchimie mentale ne préside à ce changement de front qui s'explique de la façon la plus
simple. Il faut seulement se bien pénétrer d'une
vérité élémentaire dont la valeur universelle
échappe quelquefois aux spécialistes : à savoir,
qu'une méthode unique règne dans tous les
domaines de la connaissance et que les routes
multiples parcourues par l'esprit dans ses voyages
de découverte, ne sont que des chemins de

traverse qui toujours aboutissent à la voie principale. La méthode finaliste est l'un de ces chemins.
Elle est un biais naturel que l'esprit trouve spon-
tanément dans sa lutte avec l'effrayante complication des phénomènes de l'ordre surorganique,
une heureuse obliquité qui lui permet de tourner
certains obstacles autrement infranchissables, une
sage application du principe de la moindre résistance ou du moindre effort.

Placée, dans les disciplines du monde surorganique, en face d'une confusion, d'un enchevêtre-
ment (dont nulle autre branche du savoir n'offre
le plus lointain exemple) de causes et d'effets,
d'actions et de réactions appartenant à l'ordre
vital, à l'ordre social et à l'ordre psychologique,
notre raison put facilement se rendre compte de
l'insuffisance, de l'incertitude, dans ce nouveau
domaine, des méthodes ordinaires de la découverte
scientifique. Il ne fallait pas songer à tirer de ces
méthodes un profit direct ou immédiat. Les inductions partielles formaient ici un écheveau aussi
compliqué et inextricable que celui des causes et
des effets qu'elles devaient servir à dévider. Cet
état de choses équivalait, pratiquement, à l'indé-
termination quasi absolue d'un ordre entier de
phénomènes. Aussi notre esprit ne se fit-il pas

faute de proclamer, comme seule règle suprême
de ses propres manifestations, la *loi* du libre
arbitre. Malgré tout, il restait déterministe sur ce
point capital qui réservait ou sauvegardait l'avenir.

En même temps, il instaurait, dans le domaine
rationnel, un point de vue très particulier qù'il
s'empressait aussitôt d'étendre à toute la nature,
originellement conçue par lui d'une façon anthropomorphe : le point de vue téléologique qui
rangeait les faits en de longues séries dont tous
les termes, distingués en buts et en moyens,
étaient logiquement, nécessairement dépendants
les uns des autres. Toujours, et au plus juste des
titres, il assimila la finalité à un triomphe de la
raison humaine. Mais pendant de longs siècles il
n'aperçut pas la grandeur réelle de cet éclatant
succès, il n'en retira que des avantages superficiels
et discutables, il ne soupçonna pas que la ratiocination téléologique cachait une précieuse méthode
de découverte, qu'elle était, comme nous l'avons
dit plus haut, un détour naturel et très heureux
qui allait permettre d'appliquer, aux sciences des
phénomènes les plus complexes, les sûres méthodes
des sciences des phénomènes simples.

Cet aveuglement, favorisé par le dualisme initial
de la connaissance, devait durer autant que lui.

Mais, nos vues monistiques actuelles, qui se refusent à partager la nature en deux parts, l'une où règne une rigoureuse détermination basée sur le principe de causalité, et l'autre, uniquement gouvernée par les rapports rationnels unissant les fins aux moyens, le monisme, dis-je, pouvait déjà faire preuve de plus de clairvoyance. Certains de ses adeptes tranchent le nœud gordien en rejetant la finalité comme une source permanente d'illusions ; d'autres, parmi lesquels nous nous rangeons, préfèrent le dénouer en admettant l'incontestable validité du point de vue téléologique pour tout le vaste domaine des sciences mentales. Ils pensent, en somme, que la causalité universelle n'est nullement mise en cause par le raisonnement téléologique restreint aux seules manifestations de l'esprit.

Faisons un pas de plus. Reconnaissons dans la classification ou série finaliste la méthode principale des sciences du monde surorganique ; mais principale en ce sens seulement qu'elle est le plus puissant, peut-être même l'unique moyen dont ces disciplines disposent pour découvrir, à l'aide de l'induction ordinaire, les causes efficientes de leurs phénomènes respectifs. Rien n'est plus difficile, pour la raison humaine, que de séparer, dans une série surorganique, une cause de son effet ; et rien

n'est plus facile, comparativement, que d'y distinguer une fin du moyen qui sert à l'atteindre. Or
donc, une fois que l'uniformité des lois de l'univers et le déterminisme rigoureux des phénomènes
nous défendent de voir dans l'enchaînement des
moyens et des buts autre chose qu'une suite d'antécédences et de conséquences, ou nous obligent, en
d'autres termes, à envisager toute série téléologique comme la simple inversion d'une série causale correspondante, — comment se soustraire à
cette conclusion qui s'impose avec une force logique
incoercible : il suffit, en sociologie aussi bien qu'en
psychologie, de renverser la série finaliste, d'intervertir l'ordre dans lequel ses termes se suivent,
pour arriver à établir une véritable série causale.
La méthode finaliste apparaît ainsi soit comme un
procédé subsidiaire et auxiliaire de la méthode
inductive, soit comme une induction larvée dont
il faut savoir apprécier la valeur réelle et exacte.

CHAPITRE IV

Une loi générale d'évolution.

Une loi de la connaissance. — La sériation causale et la sériation téléologique. — Priorité de la série téléologique. — Confusion de la connaissance finaliste avec l'action qu'elle détermine. — Rôle joué par la série téléologique dans la découverte des rapports de causalité. — Première grande loi sociologique. — La théorie complémentaire des facteurs de la civilisation. — Sa vérification par la méthode finaliste. — Conclusion.

L'interaction psychique, le groupe social (famille, tribu, nation, classe, etc.), l'individu façonné par le milieu collectif, enfin ces phénomènes variés, science, religion, philosophie, art, travail, conduite privée ou publique, qui forment ce qu'on appelle l'œuvre de civilisation — voilà autant de vastes ensembles de faits dont on ne peut, à première vue, affirmer rien de précis, sauf peut-être qu'ils sont très généraux et qu'ils semblent apparentés entre eux.

Mais une observation plus réfléchie, une étude plus attentive permettent d'assigner à ces grandes classes de faits un ordre fixe de succession; elles permettent de les disposer en une suite dont tous les termes s'enchaînent et présentent entre eux une relation soit de cause à effet, soit de moyen à but. En vérité donc, on rangera ces faits en deux séries parallèles, une série causale et une série finaliste. Dans la première, l'interaction surorganique apparaît comme l'antécédent ou la cause du groupe social qui, à son tour, exerce une forte influence formatrice sur l'individu considéré, en dernier lieu, comme le promoteur ou l'agent immédiat de toute entreprise capable de modifier, dans un sens progressif ou régressif, les conditions de la vie en commun. Dans la seconde, c'est la civilisation et les richesses intellectuelles et matérielles qu'elle accumule, qui s'affirment comme la fin ultime ou la cause finale des efforts combinés des individus; c'est ensuite ces individus et leur bien-être qui se dressent comme le but véritable poursuivi par toute coopération sociale; c'est enfin cette coopération, ou le groupement, l'association des hommes entre eux, qui, pour se réaliser, se sert des deux formes fondamentales de l'interaction psychique. La sériation finaliste, comme on devait, du reste, s'y attendre, invertit, renverse symétriquement les termes de la succession causale.

Mais de ces deux séries où l'esprit range les faits qu'il observe, laquelle le frappe tout d'abord et le pousse ensuite à trouver la série complémentaire? Ne faisons aucune difficulté pour le reconnaître : toute série causale est précédée et préparée par une série finaliste. La première classification qui s'impose à la raison, est invariablement basée sur un jugement téléologique, sur une distinction des choses en buts et en moyens. L'action ne précède jamais la connaissance, elle la suit; elle ne la commande pas, elle exécute ses ordres. Mais la connaissance elle-même fait prévaloir dans ses recherches initiales le point de vue pratique ou finaliste sur le point de vue causal auquel se place volontiers la théorie pure. On n'a pas assez fait attention à cette tendance qui signale les débuts de tout savoir et lui imprime, sous des dehors rationnels, un caractère profondément empirique; ou plutôt, on a trop souvent confondu ces deux choses fort différentes : la priorité du point de vue pratique (ou téléologique) à l'intérieur de la connaissance, et la priorité de la pratique elle-même (qui est toujours une téléologie)

ou sa primauté externe pour ainsi dire, son autonomie quasi absolue.

Quoi qu'il en soit, si une sériation finaliste précède régulièrement dans l'esprit la sériation causale correspondante, la première doit sans doute
pouvoir déterminer en quelque sens la seconde,
elle doit pouvoir activer, stimuler, ou ralentir,
retarder la formation, la découverte de celle-ci.
Les deux cas se présentent couramment : l'un dans
les disciplines qui étudient la phénoménalité surorganique, le monde de la conscience et de la raison
où surgit et se consolide le rapport finaliste, le
processus rationnel par excellence ; et l'autre dans
celles qui étudient la nature dite inerte et la nature
vivante et où l'argument téléologique constitue une
erreur de méthode, un sociomorphisme évident.

Laissons entièrement de côté cette dernière
catégorie d'études et tenons-nou-en au seul cas
des sciences sociales. Dans celles-ci, la série
rationnelle facilite de deux manières la tâche de
l'observateur empirique. Elle fournit un plan de
départ, une première hypothèse aux analyses inductives vouées à la recherche des rapports directs de
causalité. Et lorsqu'il se constate que la relation de
cause à effet coïncide, en sens inverse, avec la
relation de but à moyen — ce qui semble être la

règle, dans cette classe de sciences, et ce qui prouve
qu'aucune erreur ne s'est glissée dans le raisonnement téléologique, — la série finaliste, ainsi que
nous l'avons vu dans le chapitre précédent, devient
elle-même un instrument de recherche et de contrôle.

Et tel, en vérité, pour en revenir à la loi
évolutive qui nous occupe, nous paraît avoir été
le rôle que la série finaliste : civilisation — individu — groupe social — interaction psychique,
joua, d'une façon plus ou moins consciente, dans
l'établissement et la fixation de notre série causale : interaction psychique — groupe social —
individu — civilisation. Cette dernière série, en
un mot, possède à nos yeux la valeur d'une vaste
loi hypothétique reposant en partie sur des données
inductives et en partie sur l'appui que lui prête, ou
la vérification que lui apporte, l'inversion rationnelle des termes qui la composent.

Cette loi découvre les origines premières, la
genèse lointaine de l'immense amas de faits qui
constituent ce qu'on appelle une civilisation. Mais
elle s'arrête à ce point précis de l'évolution inter-
mentale, elle n'embrasse pas la totalité des phénomènes sociaux qui se développent, se modifient,
se transforment sans cesse dans les divers milieux

géographiques et historiques. Dans ce sens, malgré
sa haute généralité, elle est incomplète. Il nous
faut encore trouver et lui adjoindre la loi qui gouverne l'évolution des quatre grands groupes de
faits auxquels, les considérant à leur tour ainsi
que des causes finales, nous reconnûmes plus haut
la qualité de « facteurs sociaux ». Sans cela, et
pour user d'une comparaison devenue triviale à
force d'être répétée, nous ressemblerions au
botaniste qui après avoir montré la sève circulant
des racines au tronc de l'arbre, refuserait de dire
comment le même suc nourricier fait vivre ses
feuilles et ses fruits. Et, dans cette tâche, la
méthode finaliste nous sera de nouveau d'une
grande utilité. Elle nous servira à vérifier la justesse de certaines généralisations d'abord purement empiriques.

Le plus simple examen des faits, soit enregistrés
par l'histoire, soit actuels, nous autorise déjà à
conclure que ces choses d'un aspect si divers, nos
connaissances scientifiques, nos idées ou conceptions religieuses et philosophiques, nos arts plaisants et nos arts utiles sont des phénomènes
essentiellement semblables et, de plus, strictement
corrélatifs entre eux. Simultanée en apparence,
leur manifestation est successive en réalité. Ces

faits forment une longue chaîne dans laquelle
chaque terme est lié au précédent par des rapports
de dépendance causale. Les variations subies par
l'un de ces termes suscitent des modifications analogues dans tous les autres, et la somme de ces
changements se traduit à l'extérieur par un état
social quelconque succédant à un autre état.

Tel ou à peu près tel est le constat empirique.
L'induction ne nous conduit pas plus loin. Elle ne
nous permet pas d'assigner à chacun des termes
de notre série le rang exact qu'il occupe dans
cette vaste concaténation de causes et d'effets. Elle
ne nous inspire pas, à cet égard, une conviction
qui touche à la certitude. Elle laisse le champ
ouvert à toutes les suppositions. Cela est si vrai
que plusieurs hypothèses contradictoires divisent
encore, précisément sur ce point, les sociologues.

Ainsi, tandis que les uns continuent à suivre
dans cette question les vieux errements positivistes et font dépendre l'œuvre civilisatrice tout
entière de l'état de nos croyances générales ou
synthétiques (principe virtuel de la célèbre loi des
trois états), les autres, tels les sociologues de la
remuante école économique et les marxistes en
particulier, se rangent sous une nouvelle bannière
où s'inscrit en lettres capitales ce mot : l'action.

5

Et tous cherchent, et tous trouvent, à l'appui de leur thèse, un nombre considérable de faits probants ou qui semblent démonstratifs.

J'ai fait, en vérité, comme tout le monde. A mon tour, j'ai procédé à la fois inductivement et empiriquement; j'ai consulté l'histoire, j'ai examiné les événements contemporains, j'ai raisonné du particulier au général, j'ai conclu des cas souvent observés à tous les cas semblables; et j'ai abouti, en définitive, à ma théorie des quatre facteurs de la civilisation classés dans l'ordre suivant : à la première place, la connaissance analytique; à la deuxième, les synthèses des religions et des philosophies; à la troisième, les conceptions esthétiques et les beaux-arts qui les réalisent; à la quatrième et dernière, enfin, l'action, la conduite pratique, les applications utiles, le travail où s'incorporent toutes les technologies. Dans cette vue, l'acquisition et la transmission du savoir particulier précède et conditionne tous nos autres acquêts et tous nos autres échanges psychosociaux qui ne seraient, en somme, que des formes ou modifications spéciales, des développements ultérieurs d'un même prototype originel.

J'ajoute que ma série historique offre ce trait de ressemblance avec la classification des sciences

d'Auguste Comte : comme celle-ci, elle contient
en germe ou implique une vaste loi évolutive. Dans
la hiérarchie de Comte, c'est la loi (de complexité
croissante et de généralité décroissante) qui régit
le développement des sciences. Et dans ma série,
c'est la loi d'étroite corrélation qui explique l'état
philosophique (et respectivement religieux) par
l'état scientifique, l'état des beaux-arts par l'état
des croyances ou convictions générales, et l'état
actif ou la conduite humaine dans son ensemble
par les trois états spéculatifs précédents et leurs
nombreuses réactions mutuelles. C'est, en un mot,
la loi qui gouverne cette partie de l'évolution générale des sociétés qu'on appelle leur civilisation (j'évite ici à dessein le terme vague et équivoque de progrès). Elle se rattache immédiatement
à la loi qui régit leur préhistoire et qui illumine
la genèse de l'individu social, source première de
toutes les valeurs spéculatives et actives futures.
Elle en est la simple continuation, le complément
naturel et inévitable.

Mais quel fut, dans la construction de ma
théorie et dans la recherche de la loi générale qui
en découle, le rôle de la méthode finaliste? C'est
ce que je vais essayer de dire en deux mots.

Je pense qu'en sociologie, derrière toutes nos

inductions ou prétendues inductions, le finalisme,
le besoin téléologique se tient constamment aux
aguets, pareil à cet égard à cet autre metteur en
scène invisible, l'appétit ou l'instinct que Schopenhauer fait présider à l'adoration platonique, au
sentimentalisme amoureux. Je pense donc que,
dans l'interprétation des faits historiques et actuels
qui me conduisit à les classer d'une certaine
manière, j'ai dû subir d'une façon obscure l'influence d'une série directement inverse, déjà solidement ancrée dans mon esprit et qui, visant les
mêmes groupes de phénomènes, les distinguait
non plus en causes et en effets, mais en buts et
en moyens. D'ailleurs, le même fait a dû, selon
moi, se produire, la même influence s'exercer,
mais dans une direction à peu près contraire et
avec un résultat opposé, dans l'esprit des protagonistes des théories adverses. Ne semble-t-il pas,
par exemple, que si Auguste Comte place la synthèse philosophique avant l'analyse scientifique,
c'est qu'il estime, avec toute raison, que la première est l'unique et véritable cause finale de la
seconde? Et ne semble-t-il pas que si Marx et les
penseurs qui l'ont précédé dans cette voie, accordent à l'acte la primauté et la préséance sur la
pensée, c'est qu'ils jugent, de la façon la plus

logique et en même temps la plus téléologique, que
tous nos efforts tendent vers cette seule fin : leur
propre réalisation ?

Quoi qu'il en soit, à mes yeux, la méthode finaliste n'est pas un simple participant muet et ano-
nyme de la recherche, de l'induction sociologique.
Elle est investie d'un autre office encore. On peut
ouvertement la considérer ainsi qu'une méthode
profitable de contrôle ou de vérification.

Employée comme telle, elle atténue le caractère
problématique de l'induction qu'elle vérifie. Si les
divers degrés de notre échelle psychosociale, par
exemple, se présentent, en outre, ainsi qu'une
connexion téléologique rationnellement construite,
une chaîne dont chaque anneau est soudé à
l'anneau qui le suit comme un moyen est lié à la
fin qu'il sert à atteindre, — les probabilités en
faveur de l'ordre sériel par nous choisi s'accroissent
considérablement.

Or, les quatre catégories comprenant la science,
la philosophie, l'art et l'action ou la conduite constituent en effet un vaste système de causes finales,
de motifs ou de mobiles sous l'influence desquels
se manifestent et évoluent tous les autres phénomènes sociaux. Dans cette hiérarchie, l'action,
l'assouvissement de nos désirs, la réalisation

effective de nos volontés apparaît comme la fin
dernière, le but ultime vers où convergent aussi
bien nos efforts esthétiques (qui stimulent puissamment et directement le travail humain) que
nos efforts philosophiques et scientifiques. Connaître le détail des choses, saisir et comprendre
leur ensemble global, sentir leur beauté intrinsèque et juger de leur beauté relative — voilà les
seules voies qui mènent à la conduite raisonnable, les seuls moyens qui servent à transformer
l'agitation, le mouvement mécanique ou vital en
action rationnelle. D'autre part, en dehors d'une
compréhension quelconque de l'unité, de l'har-
monie générale des choses, comment arriver à
discerner, parmi l'innombrable multitude des objets
qui nous entourent, ceux qui plus que les autres
portent l'empreinte de cette unité harmonieuse,
ceux qui l'extériorisent et la rendent visible à tous
les yeux, palpable à toutes les mains; comment, en
d'autres termes, reconnaître les signes ou stigmates
réels de la beauté? La philosophie au sens large du
mot qui comprend toutes nos croyances et nos
synthèses les plus générales, apparaît donc, à son
tour, comme le seul acheminement rationnel et
efficace vers la culture des arts plaisants ou esthétiques. Enfin le même rôle de moyen asservi à un

but déterminé incombe, de la façon la plus évidente, au savoir spécial par rapport à la philosophie. Toute conception d'ensemble que nous pourrons nous former sur l'univers, sur la nature extérieure, sur l'homme, sur leurs rapports mutuels, sera d'autant plus juste, plus proche de la vérité ultime, qu'elle apparaîtra fondée sur une analyse préalable, sur une connaissance approfondie des éléments derniers qui composent les choses.

Action, art, philosophie, science : voilà la consécution subjective ou rationnelle, la suite téléologique. Invertie, elle devient *eo ipso* — bien entendu à la condition expresse que notre raisonnement finaliste reste indemne du moindre illogisme — une consécution objective ou naturelle, une suite causale. Nous sortons ainsi de l'induction empirique, de la simple conjecture, toujours sujette à d'imprévues cautions. Nous pouvons dès lors affirmer — avec ce degré de certitude qu'apporte à toute thèse sa vérification logique — que si un ordre fixe, immuable, préside à l'apparition et au développement des parties constituantes de la grande série psychosociale, cet ordre ne peut être que le suivant : science, philosophie, art, action. Dès lors aussi nous pouvons soutenir, avec

une sécurité égale, que dans cette forte hiérarchie
chaque terme se subordonne, en premier lieu,
au terme immédiatement antérieur, et ensuite à
tous les termes qui précèdent celui-ci. Nous dirons
donc — on me pardonnera de me citer ici moi-
même — « que les grandes conceptions synthétiques, les idées et les croyances religieuses et
philosophiques sont entièrement déterminées par
l'état des idées et des connaissances scientifiques ;
que la philosophie n'est qu'une forme supérieure,
une floraison de la science ; que pareillement, nos
conceptions et nos sentiments (ou nos goûts)
esthétiques sont immédiatement dominés par nos
idées et nos croyances générales, nos grandes vues
d'ensemble ; qu'enfin notre conduite, nos actes
quelconques, depuis ceux qui poursuivent l'idéal
le plus transcendant jusqu'à ceux qui satisfont nos
appétits les plus matériels, ne sont que la mise au
point, l'exécution de nos jugements sur la valeur
(analytique et hypothétique, synthétique et apodictique, syncrétique et symbolique) des choses »
(*8 bis*).

On le voit, en soumettant nos généralisations et
nos hypothèses empiriques au judicieux contrôle
de la méthode finaliste, nous atteignons avec une
facilité étonnante un résultat inespéré.

A beaucoup d'esprits, rompus aux subtiles recherches et croyant avoir, comme on dit, mesuré le « néant » de la raison humaine, cette facilité paraîtra sans doute plus que suspecte. Ils la taxeront de pur enfantillage, ils crieront au miracle logique. Soit. La faiblesse native de l'esprit humain est le dogme fondamental de toutes les religions et de toutes les métaphysiques. Et ce dogme est encore fortement enraciné dans la plupart des cerveaux modernes. N'y touchons pas. Ne poussons pas l'indiscrétion jusqu'à demander par quel sortilège l'intellect humain a pu, dans tant et de si mémorables occasions, vaincre sa propre impuissance. Mais bornons-nous à rappeler que les choses les plus faciles sont souvent les plus simples ; or, le simple voisine volontiers avec le vrai (9).

Nous avons distingué, dans l'ensemble de l'évolution sociale, deux phases consécutives ou deux grandes séries de faits étroitement unis les uns aux autres. La première aboutit à la moralisation ou socialisation de l'individu organique par le groupe dont il fait partie ; et la seconde, creusant, pour ainsi dire, à nouveau et d'une manière plus profonde le même sillon, continue et prolonge indéfiniment l'œuvre civilisatrice, à la fois individuelle et collective. Cette distinction est le résultat

d'une analyse abstraite destinée à faire ressortir la
différence notoire de degré qui se remarque entre
la culture embryonnaire (et en ce sens préhistorique) et les progrès, les acquêts critiques, dogma-
tiques, symboliques et pratiques plus ou moins
rapides des périodes ultérieures, déjà éclairées par
l'histoire. Mais cette distinction ne tend pas à
appuyer l'opinion fausse qui cherche à ériger,
entre l'état primitif et l'état civilisé, une barrière
quasi infranchissable. Il nous semble évident, en
effet, que l'homme le plus sauvage, une fois qu'il
s'associe avec ses semblables, se sert déjà tour à
tour des quatre modes essentiels de l'interaction
psychologique. Il possède déjà et échange des
bribes de connaissances, il se forme et il communique à autrui des croyances générales rudimen-
taires, il s'exerce en commun à des jeux qui lui
plaisent et éveillent en lui les premières notions
d'art, il agit enfin de toutes façons et surtout il
s'agite.

Les deux séries rentrent donc, en réalité, l'une
dans l'autre. Elles se fondent en une seule vaste
évolution, essentiellement identique dans tous les
cas possibles, déroulant sans cesse, sinon les mêmes
péripéties ou les mêmes événements, du moins les
mêmes causes de péripéties et d'événements. Ces

causes sont partout et toujours présentes, mais
elles se font sentir, elles interviennent dans le
cours général des choses avec un degré d'intensité
variable à l'infini; et les effets qu'elles produisent
nous semblent, par suite, avec toute raison,
inégaux et différents à l'excès. Ces causes, en
outre, s'enchaînent dans un ordre constant,
déterminé par une loi de stricte corrélation qui
est sûrement la loi évolutive la plus générale que
le sociologue puisse constater. Elle offre tous les
caractères de cette grande loi rêvée par Stuart
Mill et qui, selon lui, devra résoudre le problème
fondamental de l'histoire en nous permettant
d'expliquer pourquoi et comment un état social
produit l'état qui lui succède et le remplace (10).

Une seule série évolutive, composée, ainsi qu'on
a pu le voir plus haut, d'abord de trois termes
dont l'abstraction généralisatrice fait volontiers un
ensemble, un groupe, un genre idéologique —
l'unité sociale par excellence; et ensuite de quatre
termes que le même esprit de généralisation abstraite nous pousse à concevoir comme un ensemble
séparé du premier et formant un genre nouveau
— l'unité mentale ou psychologique; donc, en
somme, une série évolutive composée de sept
termes ou sept classes abstraites et générales entre

lesquelles se répartissent tous les phénomènes sociaux sans la moindre exception. Et une seule grande loi d'évolution qui gouverne la série septénaire (chiffre minimal qui, soit dit en passant, suffit à lui seul pour expliquer la formidable complexité des faits correspondants) et qu'on peut brièvement formuler de la manière suivante.

Dans tous les cas historiques et actuels donnés ou possibles, le groupe ou les groupes sociaux vaudront exactement ce que vaut l'interaction, d'abord psychophysique et ensuite psychologique, qui les engendre et les forme. L'individu social vaudra ce que vaut le groupe, le milieu surorganique dans lequel il vit et respire et qui le façonne à son image. Cette base première et profonde de tout progrès, de toute civilisation, le savoir, analytique et hypothétique de sa nature, vaudra ce que valent les individus sociaux qui le cultivent et le répandent (ou leur somme, car la connaissance est toujours le résultat d'une tâche collective, d'une totalisation des efforts individuels). Ce puissant facteur social, la philosophie (et respectivement la religion), synthétique et apodictique de sa nature, vaudra ce que vaut la science qui la nourrit de sa moelle (soit la science contemporaine qui engendre les philosophies neuves répondant aux besoins intellectuels des élites sociales, soit le savoir des époques disparues, dont s'appuient les vieilles conceptions et les croyances des majorités misonéistes et réactionnaires). Cet autre agent du progrès, dans lequel on a si souvent et si justement vu la fleur de toute civilisation, l'art, syncrétique et symbolique par essence, vaudra ce que valent les conceptions du monde, les larges synthèses, les croyances générales qui éveillent l'inspiration de l'artiste et déterminent la portée sociale de son œuvre (conceptions et croyances pouvant aussi appartenir à des époques et à des milieux divers et plus ou moins éloignés dans le temps, selon une loi intervenante de précession que nous examinerons plus tard). Enfin ce but ultime de tout l'effort social, l'action, le travail, la conduite, — trame vivante de l'histoire, à l'étude de laquelle les sociologues s'attachent souvent d'une façon trop exclusive, lui sacrifiant tout le reste, — les actions humaines, dis-je, vaudront ce que valent les arts récréatifs qui redressent et raniment les forces, les courages abattus; ce que valent les connaissances particulières qui guident les hommes dans le détail de leurs occupations, qui leur dictent leurs lignes secondaires d'activité; ce que valent enfin les philosophies et les religions qui

dirigent l'ensemble, qui arrêtent les grandes
lignes de toute conduite morale ou sociale (esthétique, science et philosophie qui, à leur tour, en
vertu de la loi de précession indiquée plus haut,
peuvent dater d'époques déjà lointaines : ainsi
s'expliqueraient, d'une part, l'action souvent néfaste
des majorités misonéistes, et de l'autre, un assez
grand nombre de phénomènes attribués à l'hérédité
et à l'atavisme physiologiques).

Je viens d'exposer les points essentiels de ma
théorie : une hypothèse sur la nature intime du
phénomène social; une méthode spécifique dans
laquelle je vois beaucoup moins un procédé de
recherche et de découverte qu'un moyen facile
pour contrôler et vérifier la justesse de certaines
classifications, de certaines séries de faits foncièrement inductives et empiriques; enfin une vaste loi
qui, embrassant la totalité des phénomènes sociaux
et faisant ressortir leur étroite corrélation, prétend
expliquer par cette dernière aussi bien leur genèse
que l'ensemble de leur développement ultérieur. Ces
vues sont-elles recevables, possèdent-elles quelque
valeur, peuvent-elles servir de points de départ aux
recherches de la nouvelle science et aider ainsi à
sa constitution définitive? Je laisse naturellement
à mes lecteurs le soin de répondre à ces questions.

LIVRE DEUXIÈME

LES MODES ESSENTIELS DE LA PENSÉE SOCIALE

CHAPITRE PREMIER

La pensée analytique et hypothétique.

La spécialisation de la pensée. — La connaissance subjective et la connaissance objective. — L'empirique et l'*à priori*. — La nature altruiste du savoir. — Son origine première : l'*expérience*. — Ambiguïté de ce terme. — La recherche et l'application. — La relativité du savoir et ses suites. — La religion de la science.

Examinons de plus près, dans notre série septénaire, ses quatre derniers termes qui forment ce que nous avons appelé ailleurs le quadrinôme intellectuel.

Ce groupe embrasse les plus proches conditions déterminantes des phénomènes de « haute cul-

ture », — les rapports complexes qu'une interaction psychologique prolongée établit entre les consciences préalablement unies les unes aux autres,
entre les esprits déjà façonnés par l'altruisme initial
ou encore psychophysique.

Devenue, par la force des choses (grâce à
son double mouvement centrifuge et centripète),
d'organique surorganique, la pensée humaine est
entièrement remplie par ces rapports complexes;
ce qui veut dire que les modes fondamentaux de
l'interaction psychologique sont aussi les modes
essentiels de la pensée sociale. En analysant
ceux-ci, comme nous nous proposons de le faire
dans les pages suivantes, nous étudions en réalité
ceux-là, nous abordons de plain-pied l'objet propre
de toute investigation sociologique.

Tout le monde ou à peu près s'accorde sur ce
point : que la pensée, s'épanouissant dans un milieu
social, revêt quatre formes distinctes qui correspondent à ces ensembles bien connus de faits qu'on
nomme la science (la connaissance particulière), la
philosophie (la croyance générale), l'art (le goût
et l'invention esthétiques), enfin l'action (le travail et la conduite). Mais les caractères, les attributs qui différencient ces quatre groupes de phénomènes n'ont jamais été, que je sache, fixés avec

beaucoup d'exactitude. Les lignes démarcatives qui séparent la science de la philosophie, la philosophie de l'art, et la théorie en général de la pratique, n'ont jamais été tracées d'une main ferme et *ne varietur*. On se contentait, à cet égard, de définitions vagues fournies par une connaissance superficielle; et des écoles entières de penseurs ont édifié de curieux systèmes métaphysico-sociologiques sur la confusion voulue et préméditée, soit de la philosophie avec la science (le positivisme et la loi des trois états), soit de l'art avec la philosophie (le criticisme chez certains de ses adeptes), soit de la pratique avec la théorie (le marxisme).

Dans plusieurs ouvrages (*11*), cherchant à réagir contre une tendance que j'estime malheureuse, j'essayai de combattre l'empirisme qui règne en cette matière. Je m'efforçai d'établir que les quatre modes essentiels par où se manifeste la pensée collective, sont strictement dépendants les uns des autres. Ils se suivent dans un ordre causal rigoureusement déterminé; et rangés dans l'ordre inverti ou téléologique, ils offrent la même régularité de séquence.

Dans l'ordre causal, le mode *analytique* et *hypothétique* précède et engendre le mode *synthétique*

6

et *apodictique* qui, à son tour, préexiste et donne naissance au mode *syncrétique* et *symbolique*; et ces trois modes conditionnent entièrement, d'une façon directe ou indirecte, le mode *pratique* et *téléologique*. Et dans l'ordre finaliste, c'est ce dernier mode qui détient la première place. Ici, la subordination rationnelle et nécessaire du moyen au but nous incite à grossir, à magnifier le terme ultime du processus sociopsychique aux dépens de ses termes antérieurs; et cette exagération naturelle et pratiquement utile nous conduit à faire de l'évolution active des sociétés le point de départ apparent de leur évolution spéculative (esthétique, philosophique et scientifique). Nous finissons, en vérité, par perdre complètement de vue que les trois grands aspects de la pensée qui constituent l'évolution dite spéculative, jouent le rôle d'immenses et puissants accumulateurs de socialité éparse ou diffuse; nous oublions leur valeur indéniable de forces emmagasinées, de sources latentes d'où dérive la somme complète d'énergie que l'évolution sociale active vient ensuite dépenser au dehors.

Considérons plus particulièrement, en les disposant dans leur ordre génétique, chacun des quatre modes fondamentaux de la pensée sociale.

Le mode analytique et conjectural caractérise la connaissance, qui peut être empirique ou rationnelle. Il consiste à résoudre, avec l'aide de conjectures limitées par l'expérience sensible et, partant, toujours vérifiables, la réalité concrète et confuse en ses éléments abstraits et distincts. C'est en dénouant les grands faisceaux d'idées qui constituent les réalités mondiales, c'est en disjoignant et en éparpillant les abstractions, que la science se rend compte des liens intimes qui unissent les choses entre elles. Ses généralités — même les plus hautes, les plus larges d'envergure — sont foncièrement analytiques. Nous avons beau les qualifier de synthèses, elles demeurent, par essence, particulières, bornées à une fraction précise de la nature ; et leur simple somme ne saurait jamais équivaloir à la synthèse totale de l'univers (*11 bis*).

Le mode scientifique de la pensée se ramène avant tout à une spécialisation de l'objet auquel la pensée s'attache. Le vrai savant se confine, de propos délibéré, en une série unique, en une espèce déterminée de sensations et de représentations. Cette limitation ou ce renoncement volontaires sont exaltés sous la dénomination vague et quelque peu ambiguë d'objectivité. Toute con-

naissance nous paraît avec raison d'autant plus
subjective qu'elle circonscrit d'une façon moins
rigoureuse les données sensibles ou expérimentales sur lesquelles elle opère. Tel s'offre à nos
yeux, par opposition à la théorie pure, le savoir
empirique qui, lorsqu'il n'est pas une sorte d'école
buissonnière de la connaissance, plie visiblement
sous le poids des faits disparates qu'il accumule
sans ordre, dont il ne sait pas tirer parti, qu'il ne
parvient pas à séparer du flot tumultueux des
impressions fugitives assaillant de tous côtés
l'observateur. Et telle se montre aussi la connaissance désignée par ce terme équivoque, l'*à priori*,
qui ne sert qu'à nous tromper sur l'étendue ou la
qualité de notre savoir et, respectivement, de notre
ignorance. Car tout *à priori* se dévoile à la longue
soit comme le produit d'une analyse grossière et
incomplète, dont les recherches dites « transcen-
dantes » des théologiens et des philosophes nous
fournissent l'exemple classique, soit comme un
à posteriori devenu « inconscient », parce que le
temps oblitéra les lointaines difficultés du début et
revêtit d'un caractère automatique les expériences
initiales. Aussi ni l'empirisme ni l'apriorisme n'at-
teignent-ils jamais le but ultime de l'effort cognitif :
ils ne réussissent pas à ramener la multiplicité

complexe du sujet pensant à l'unité simple de
l'objet pensé.

Toute connaissance consiste en une attribution
par l'esprit aux objets de certaines qualités ou
« propriétés » qui sont autant de « rapports »
des objets entre eux. Tout savoir aboutit ainsi à
établir entre les phénomènes des liens idéaux,
surorganiques. Pour connaître les choses, il faut,
à la fois, les réunir entre elles et s'unir à elles;
il faut pouvoir retrouver dans le monde interne le
monde externe, et vice versa, dans celui-ci, les
éléments essentiels de la pensée. Touché par l'expérience et dévoilé par le savoir, l'univers devient,
pour l'être raisonnable, le monde *sensible*. La connaissance est donc, simultanément, une « inté-
riorisation », une projection en dedans de l'objet
pensé, et une extériorisation, une projection au
dehors, une perpétuelle *altruisation* du sujet
pensant.

La connaissance constitue la manifestation la
plus précoce de la pensée devenue sociale. La
discrimination attentive, représentée par une
série d'analyses portant sur les apparences concrètes des choses, et l'interrogation anxieuse de la
nature, représentée par une série d'hypothèses
portant sur les rapports qui lient les phénomènes

entre eux, — voilà, certes, de toutes premières
étapes sur la longue route, si mal explorée
encore et qui, par suite, nous semble infinie, du
progrès psychosocial. Cette double opération de la
pensée déjà foncièrement altruiste précède et prépare sans conteste toutes les autres. Elle forme
le chapitre initial de l'histoire des civilisations
humaines.

Ce premier chapitre toutefois est lui-même précédé d'un préambule, d'une préface à laquelle on
donne communément le nom d'*expérience*. Terme
flottant et imprécis s'il en fut, servant à « con-
noter » une foule de phénomènes et de processus
qui n'offrent parfois entre eux que des rapports
très lointains. Je laisse ici de côté certains sens
attachés à ce mot (*12*) et je ne relève que son
interprétation courante. Elle réunit sous le même
signe verbal deux conjonctures ou deux moments
évolutifs distincts : la « recherche » qui précède
l'acquêt cognitif, et « l'application » qui le suit. On
conçoit aisément les raisons qui ont amené et qui
maintiennent cette confusion. En effet, par suite
du caractère relatif de notre savoir, l'application
d'une connaissance se présente toujours en même
temps comme sa vérification, comme une épreuve
à laquelle on la soumet. Une connaissance inédite

peut jaillir de toute aventure pratique. L'application est ainsi susceptible, *occasionnellement*, de
se transformer en expérience, en source originelle du savoir. Mais cette métamorphose n'est
pas logiquement, rationnellement *nécessaire*; et
elle ne forme jamais le vrai but de l'application.
Il n'en est pas de même de la recherche initiale qui
poursuit une fin invariable : trouver de nouvelles
connaissances, augmenter sans cesse leur somme.
Cette recherche est donc toujours et par définition
une expérience.

Il est évident, d'ailleurs, que la phase empirique
du développement de chaque science abonde en
cas qui justifient ou du moins excusent la confusion signalée plus haut. Si chétif et si peu certain
est alors notre savoir, que nous risquons sans
cesse, en l'appliquant, de découvrir qu'il est faux,
ce qui nous oblige à essayer d'autres pistes. Par
contre, à mesure que notre connaissance croît
et mûrit, les cas où son utilisation nous réserve
de semblables surprises deviennent de plus en plus
rares. La pratique cesse d'être une sorte de synonyme des opérations mentales qui précèdent la
théorie; elle se spécialise à son tour, elle forme
un domaine distinct de celui de la spéculation
pure. Le terme d'*expérience* s'éclaire par suite et

se précise. Il tend à dépouiller sa signification
primitive et obscure qui permettait de confondre à
chaque instant la recherche du savoir avec son
application.

Quoi qu'il en soit, conditionné par l'expérience
dont il n'est que le résultat et l'ultime expression,
le mode analytique et conjectural de la pensée
altruiste inaugure magistralement l'évolution de
la série entière des autres modes de cette pensée.
Il les contient tous en germe. Son antériorité est,
dans ce sens, une primauté. Reconnaissons celle-
ci, mais gardons-nous d'en exagérer la portée.
De ce que toutes choses sont contenues dans leurs
origines, ne tirons pas la conclusion inadéquate
qu'il n'y a que les origines qui comptent. Ne tom-
bons pas dans les pièges subtils que notre inconsciente religiosité et nos atavismes superstitieux
nous dressent à chaque pas. Évitons de faire de
la « Science » la divinité des temps nouveaux, la
grande idole moderne (*13*).

CHAPITRE II

La pensée synthétique et apodictique.

La synthèse philosophique. — Son caractère nécessairement apodictique (affirmatif ou négatif). — La nature
« métascientifique » de toute philosophie. — Les religions et les métaphysiques. — Paléontologie sociale. —
Les concepts universels. — Leur rôle logique. — Le
vrai sens du mot *connaître*. — La synthèse *intrascientifique* et la synthèse *interscientifique*. — La conception
philosophique — une « fonction » de la connaissance.
— La certitude et son évolution. — Le doute. — Son
rôle dans la science. — Le doute philosophique est-il
possible? — La conviction empirique et sa transformation en « croyance ». — Le scepticisme. — La lutte
pour et autour de la *certitude rationnelle*. — La philosophie future. — Une erreur capitale d'Auguste Comte.

L'analyse, sortie d'une interrogation, d'un doute
transformé en conjecture temporaire, appelle et
sollicite la synthèse, basée à son tour sur la
réponse ou plutôt — puisqu'il s'agit, par le fait,
d'analyses multiples — sur les réponses fournies
aux questions posées, sur les certitudes déjà

acquises. La première est donc, par sa nature
même, hypothétique, et la seconde, apodictique
(affirmative ou négative). L'une forme l'âme de
nos connaissances particulières, l'autre anime de
son large souffle nos conceptions philosophiques
(ou religieuses).

La pensée sociale où s'exprime l'interaction
psychologique, évolue du premier de ces modes
au second. D'analytique et d'hypothétique elle
devient nécessairement *synthétique et apodictique*.
C'est là un courant qui s'établit très tôt, dès les
premiers pas, dès les plus faibles débuts de l'évolution mentale, et qui ne s'interrompt jamais. Les
analyses les plus superficielles suscitent déjà des
synthèses qui reflètent fidèlement leur origine, qui
sont, à leur tour, puériles ou fantasques. Les religions grossières et ignares, comme les métaphysiques raffinées, sont la fleur que l'arbre de connaissance porte aux époques correspondantes, la
conclusion ultime à laquelle l'esprit arrive, pour
avoir confronté entre eux les derniers résultats
de ses analyses.

Le mode philosophique de la pensée sociale se
distingue profondément de son mode scientifique.
Le philosophe (le métaphysicien aussi bien que
le théologien) emploie les idées les plus générales

de son milieu et de son époque (ou tout ce que
les diverses sciences font valoir comme leurs
« synthèses partielles ») à construire un édifice
nouveau : la synthèse totale du monde. Conception
aussi abstraite que les analyses sur lesquelles elle
repose, œuvre de la raison, solution logique d'un
problème que nulle science particulière ne saurait
aborder ni essayer de résoudre sans franchir ses
limites propres, sans se détruire ou se nier elle-
même. Affirmative, négative, suspensive, moniste,
dualiste, pluraliste, religieuse ou athée, la réponse
du philosophe offrira toujours un caractère franchement *métascientifique*. Elle apparaîtra comme
le produit tantôt de l'empirisme, et tantôt du savoir
rationnel; mais elle dépassera dans l'un et dans
l'autre cas les bornes des disciplines spéciales.
En outre, elle sera *apodictique*, elle entraînera la
conviction rationnelle, elle imposera à l'esprit le
plus haut degré possible de certitude, celui qui
appartient à la conclusion d'un syllogisme régulièrement formé (*14*).

On aime à opposer, en les parant du titre de
scientifiques, nos conceptions actuelles du monde
aux conceptions qui eurent cours dans l'histoire.
On oublie que les religions et les métaphysiques
furent, dès leur prime origine, des philosophies

étroitement unies au savoir de leur temps. Ces liens
durèrent des siècles. Ils subsistent encore aujour-
d'hui; et c'est là la grande malédiction des
croyances traditionnelles, la cause qui infailli-
blement les conduit à leur ruine. On eût mieux
fait, sans doute, de faire ressortir les nombreux et
forts contrastes qui séparent la science de nos jours
de celle des époques disparues. On eût vivement
saisi alors la profonde vanité des tentatives qui, se
renouvelant de temps à autre, affichent le fol
espoir de concilier le savoir moderne avec la foi
des ancêtres. Autant vaudrait, en vérité, s'épuiser
à établir une compromission durable entre nos
connaissances actuelles en astronomie, par exemple, et les vues à ce sujet des anciens peuples pas-
teurs; ou entre la chimie de nos laboratoires et
l'antique doctrine des quatre substances élémentaires. Les religions et les vieilles métaphysiques
fournissent à la paléontologie sociale ses plus précieux documents. Semblables en cela aux anciennes
couches du globe terrestre, où gisent ensevelis
les ossements de races animales et les débris de
végétaux qui n'existent plus, les dogmes philosophiques du passé conservent pieusement, dans
leurs replis intimes, et signalent aux yeux de
l'observateur attentif les vestiges, les restes

momifiés d'une science depuis longtemps abolie.

En somme, et quelle que soit l'épithète dont on l'affuble pour la distinguer de ses pareilles, une philosophie n'est jamais autre chose que la synthèse logique recomposant le monde ou les mondes divisés, morcelés par nos analyses. A cet effet, elle rassemble, elle rapproche, elle réunit en quelques vastes faisceaux, en un petit nombre de concepts universels, les hautes abstractions éparses, les idées directrices disséminées dans les cases multiples du savoir spécial. Elle n'usurpe pas les fonctions de la science. Elle ne cherche point à découvrir les rapports inconnus des choses, elle n'établit pas de nouvelles lois phénoménales. Elle ne pose ni ne résout aucun problème particulier. Elle s'efforce seulement à réunir par des liens rationnels les résultats déjà acquis, complets ou approximatifs, les solutions certaines et les solutions conjecturales des diverses spécialités scientifiques. Un noyau restreint d'idées vraiment universelles permettent à l'esprit, non plus de saisir les choses dans leurs détails ou de les comprendre de plusieurs façons distinctes (sens strict du mot connaître), mais de les embrasser dans leur ensemble, de les concevoir d'une façon une ou homogène (sens strict d'un terme encore à créer et

qui, dans cette acception, pourrait et devrait s'employer à côté de celui de connaissance qu'il servirait
à limiter, à rendre plus précis).

Certes, le savoir spécial passe également de
l'analyse à la synthèse. S'il débute toujours par
une suite de décompositions plus ou moins minutieuses, il finit régulièrement par une série de
recompositions plus ou moins larges. Et toute
science se targue avec raison de sa partie générale
qu'elle décore du titre de philosophie *particulière*.
Mais ce dernier et assez malencontreux qualifi-
catif en dit long sur la différence essentielle qui
existe entre la synthèse du savant et celle du philosophe. Sous peine de nullité, de non-existence
en tant que vue scientifique, le regard du savant
ne doit embrasser qu'un seul coin de l'horizon, ne
doit atteindre qu'un aspect déterminé du monde.
Et sous peine de nullité, de non-existence en tant
que vue philosophique, le regard du philosophe
doit parcourir l'horizon dans toute son étendue,
doit faire « le tour des sciences », doit pouvoir
fixer simultanément toutes les faces de l'univers.

Les plus larges synthèses du savoir particulier
ne portant que sur des fractions du tout universel,
jouent en philosophie le rôle de matériaux, d'éléments, de simples données. D'ailleurs, c'est peut-

être à tort que, poussé par les habitudes symétriques de notre esprit, nous réduisons les points
de départ de la pensée philosophique aux seules
synthèses fragmentaires de la science. Le champ
ouvert aux spéculations du philosophe est sans
doute beaucoup plus vaste, son choix beaucoup
plus libre. Son effort synthétique pourra tout aussi
bien s'exercer sur les produits immédiats de l'analyse, dans chaque branche du savoir abstrait. Au
lieu de reconstituer l'univers par une voie
détournée, en s'adressant aux intégrations partielles des différentes sciences, il pourra le reconstituer directement, en évoquant à la fois tous ses
éléments ultimes. En un mot, la synthèse du
savant est toujours *intrascientifique*, et la synthèse
du philosophe — toujours *interscientifique*.

Cette distinction est capitale. Elle trace entre la
science et la philosophie une ligne de division au
moins aussi profonde que celle qui sépare la science
ou la philosophie de l'art, et ce dernier de l'action
proprement dite. La parité des termes — connaissance, synthèse, etc. — consacrés par l'usage et
appliqués indifféremment à la recherche scientifique et à la spéculation philosophique, ne doit pas
nous induire en erreur. La philosophie n'est pas
une connaissance. Elle est, pour parler le langage

mathématique, *fonction* de la connaissance, comme l'art est, à son tour, fonction à la fois de la philosophie et du savoir, et comme l'action ou la conduite est fonction simultanée de l'art, de la philosophie et de la science (*15*).

Toute philosophie est synthétique dans le sens que nous venons d'indiquer. Mais ce mode de la pensée sociale est, en outre, invariablement apodictique; et c'est là le second trait essentiel qui différencie la philosophie de la science.

On a également voulu effacer cette nouvelle ligne démarcative. On a nié avec acharnement la possibilité de la certitude philosophique. On a représenté celle-ci comme notablement inférieure à la conviction qu'entraîne après soi la moindre connaissance particulière. On est même allé jusqu'à soutenir que la philosophie était une véritable officine d'hypothèses, éternellement condamnée à soulever toutes sortes de problèmes pour en abandonner ensuite la solution aux disciplines spéciales.

Le malentendu est des plus graves. Il s'explique par plusieurs causes qu'il faut chercher dans l'histoire des rapports de la philosophie avec la science et dont la principale nous paraît avoir été l'extrême lenteur du développement et la marche hésitante

qui caractérisèrent l'enfance et jusqu'à la première
jeunesse des diverses branches du savoir et qui
encore aujourd'hui, comme on sait, forment la
marque distinctive des disciplines du monde surorganique. En effet, au lieu de tenir compte aux
philosophies lointaines de ce motif originel de faiblesse, nous ne sommes que trop enclins à les
juger d'une façon absolue. Nous nous demandons
ce que peuvent bien valoir, *en soi*, c'est-à-dire, en
vérité, à nos yeux de modernes, les synthèses
accouplées à un tel amas d'observations incom-
plètes, d'expériences manquées, d'explications
fausses, de suppositions baroques, de théories plus
absurdes les unes que les autres! Nous leur refusons, cela s'entend, la force convaincante...
qu'elles ne possèdent plus pour nous. Nous substi-
tuons ainsi notre propre sentiment à l'angle de vue
de nos prédécesseurs. Nous prêchons contre le
grand principe de relativité que nous avons sans
cesse sur les lèvres. Nous oublions que la certitude,
qui est l'aspect subjectif de la connaissance, évolue
en même temps que celle-ci et subit le même sort.

Placée en face de matériaux dont elle ne pouvait
soupçonner, faute de points de comparaison, la
qualité détestable, la pensée philosophique de nos
ancêtres resta à la hauteur de sa tâche. Elle fit un

7

effort si prodigieux qu'il ne me semble pas qu'elle l'ait jamais dépassé par la suite : elle créa les merveilleuses synthèses des théologies, toute la partie nucléale des religions positives. Or un dogme, tel un philosophème, est le contraire d'une hypothèse. Tant qu'il demeure debout, tant qu'un souffle de vie l'anime, il inspire à ceux qui l'acceptent une conviction ardente, une certitude que rien n'égale. Les religions possédèrent toutes, à leurs débuts, ce caractère hautement apodictique. Et ce ne fut que bien plus tard, alors que nos connaissances accomplirent des progrès assez considérables pour déterminer une nouvelle floraison du mode synthétique de la pensée sociale, que le scepticisme religieux et, par suite, philosophique fit sa première entrée dans le monde. D'apodictiques (nous semblant rigoureusement démontrés), les dogmes religieux devinrent assertoriques (nous semblant affirmés sans preuves suffisantes) et problématiques (donnés comme douteux). Ainsi la certitude — j'entends la certitude philosophique qui synthétise les certitudes éparses du savoir particulier en les réunissant à ses incertitudes par des liens purement *logiques* — passa peu à peu à l'état de croyance ou de simple opinion.

Le doute n'a de valeur réelle que s'il s'attaque

aux hypothèses particulières, toujours vérifiables, du savoir spécial, ou encore aux faits, aux données premières servant de source et de base aux grands philosophèmes qui dirigent la vie mentale de l'humanité. Pour rejeter une conclusion qui n'est pas un pur illogisme, il faut d'abord pouvoir reconnaître, dans les prémisses sur lesquelles elle repose, autant d'erreurs partielles ou complètes. Le doute philosophique est, dans ce sens, sinon une simple contradiction *in adjecto*, du moins quelque chose de totalement subordonné au doute scientifique, une conséquence manifeste de celui-ci, une sorte d'épiphénomène qui accompagne la recherche expérimentale sans jamais pouvoir la devancer. On sait l'abus que les penseurs, les petits encore plus que les grands, firent de ce terme impropre, la valeur exagérée qu'ils lui attribuèrent, et la popularité que l'expression a acquise, en dépit de sa parfaite insignifiance.

Les métaphysiques qui remplacèrent dans l'esprit des élites sociales les anciennes conceptions religieuses, eurent exactement le même destin que celles-ci. Chacune d'elles connut une phase de grandeur apodictique bientôt suivie, selon l'essor plus ou moins rapide des recherches positives, par une période de décadence sceptique. Et la même

aventure guette naturellement les plus réputées
parmi les synthèses universelles de l'heure présente.

Le savoir des époques postérieures, en démo-
lissant les plus fortes citadelles édifiées par le savoir
des époques antérieures, encombra le sol historique
de ruines et fit surgir deux faits connexes : la
transformation lente des premières certitudes philosophiques en simples « croyances », l'avènement
de la « foi », et l'entrée en scène d'une espèce
nouvelle de philosophie — la philosophie critique,
combative, sceptique.

La « foi » des époques primitives s'identifiait
avec la seule sorte de certitude que pouvait produire le savoir de ces temps éloignés : la conviction
empirique. Et la philosophie régnante, la théologie
dogmatique ressembla longtemps à une île aux
bords escarpés, inaccessible aux flots insinuants du
doute. Les choses ne commencèrent à se gâter
qu'avec certains progrès ultérieurs de la recherche
spéciale, progrès qui dévoilèrent et mirent en
relief les tares essentielles et multiples de l'empirisme soit *à posteriori*, ou tel qu'il se présente dans
l'étude des faits du monde extérieur, soit *à priori*,
ou tel qu'il se manifeste dans les analyses ayant
pour objet le monde interne de nos sentiments, de

nos désirs, de nos idées. La ferme conviction issue
de la connaissance empirique revêtit dès lors tous
les caractères de l'incertitude. Et la pensée synthétique et apodictique correspondante subit du coup
une *diminutio capitis* dont elle ne se releva jamais.

Elle eût dû, ce semble, partager le destin du
savoir qui lui donna l'existence, et disparaître
avec les données, reconnues inexactes, qui lui
servirent de points de départ. Mais ses apôtres et
ses défenseurs, s'appuyant sur l'inégale répartition
dans les sociétés humaines de toutes les richesses,
des acquêts intellectuels aussi bien que des conquêtes matérielles, et premières victimes sans
doute d'un tel état de chose, furent conduits par la
force des circonstances à nous donner un spectacle
à la fois étrange et lamentable : celui d'une conclusion logique suspendue en l'air, ayant survécu
à ses propres prémisses! Quoi qu'il en soit, cette
« survivance » forma bientôt une espèce distincte
dans le vaste genre philosophique où les noms de
« foi » et de « croyance » lui furent plus spéciale-
ment réservés. Et j'ai à peine besoin de rappeler
que les diverses métaphysiques qui suivirent les
grandes synthèses religieuses, sans arriver à les
supplanter dans la majorité des esprits, encou-
rurent un sort tout pareil.

Il devient, en somme, de plus en plus manifeste
que pour se conserver entière et forte, pour ne pas
descendre au niveau de la foi pure, la conviction
rationnelle du philosophe devra dorénavant
s'appuyer sur les certitudes réunies et devenues
également rationnelles, de la série totale des
sciences. Or, jusqu'ici cette conviction ne reposait
guère que sur la base comparativement étroite
offerte par les certitudes raisonnées des sciences
du monde inorganique, à quoi, dans les cas les
plus favorables, venaient s'ajouter les certitudes à
demi rationnelles des sciences de la vie. A ce point
de vue donc, on peut parler de la constitution
future du domaine philosophique comme on parle
de la constitution actuelle du domaine sociologique, et l'on peut espérer que celle-là suivra de
près celle-ci (*16*).

Le second fait mentionné plus haut, l'infiltration
du doute scientifique dans la philosophie et la fer-
mentation agressive ou dissolvante qu'un tel phénomène ne manqua pas d'y provoquer, apparaît à
son tour ainsi que le résultat inévitable de l'instabilité naturelle du savoir commandé par l'empirisme. Ce fait est en outre intimement lié aux
éclipses multiples que dut subir, par des motifs
analogues, la certitude rationnelle du philosophe.

En vérité, trouvant la place qui lui revenait de
droit occupée et vigoureusement défendue par une
conception plus ancienne, que pouvait faire toute
nouvelle synthèse générale issue d'un savoir
mieux informé? Ne fallait-il pas combattre les
idées adverses, essayer de les détrôner dans les
esprits, discuter leurs titres à l'assentiment universel? A la poursuite de cette tâche se dévouèrent,
à tour de rôle, les diverses avant-gardes philosophiques.

Mais agissant au nom de la science en progrès
qui les avait fait éclore, les systèmes successifs
des penseurs ne tardèrent pas à lui emprunter la
plupart de ses méthodes d'attaque. Le scepticisme
qui forme la marque distinctive de la mentalité
scientifique, accapara donc l'esprit du philosophe.
La confusion entre le mode analytique et hypothétique de la pensée sociale et son mode synthétique
et apodictique (confusion qui date de l'agnosticisme grossier des époques religieuses) fut portée
à son comble. Il put même sembler un instant
qu'après s'être successivement jetée dans les bras
de tous les empirismes, de l'empirisme physique
et cosmologique, de l'empirisme vital et surtout de
l'empirisme moral, la philosophie avait définitivement accepté de suivre la bannière d'une variété

importante de l'empirisme psychologique (la théorie
de la connaissance).

Ce rôle équivoque — tenu par la philosophie
pendant un certain nombre de siècles — a été la
conséquence nécessaire, je le répète, des luttes
ardentes que les jeunes synthèses universelles
eurent à soutenir contre leurs aînées, dont les
affirmations ou les négations apodictiques leur
paraissaient en désaccord total avec les faits nouveaux, les découvertes récentes du savoir. La possession tranquille et exclusive de la certitude
rationnelle, — tel fut, tel sera toujours, tant que
deux philosophies d'un âge différent pourront se
mesurer en champ clos, le but suprême, le prix
unique de pareilles rencontres, de semblables
compétitions. Mais dans le feu de la bataille,
oubliant l'objet du litige, on ne songe qu'aux
moyens d'atteindre et de terrasser l'adversaire. Or,
dans le cas qui nous occupe, ces moyens consis-
taient surtout à fournir la preuve que les prétendues
certitudes des théories ennemies n'étaient, au
mieux, que de vagues probabilités, des conjectures
sans base sérieuse. Et on le démontra, à diverses
occasions, tant et si bien qu'on finit par créer une
impression générale, un courant d'opinion qui se
laisse résumer en cette brève formule : le fond de

toute doctrine philosophique est une hypothèse
universelle et quasi invérifiable (*17*).

Auguste Comte, on le sait, essaya de classifier
les diverses espèces de philosophies qui avaient
acquis un renom dans l'histoire. Il les réunit en
trois groupes se suivant dans un ordre fixe. Mais
commode à l'usage, facile à retenir et devenue
rapidement populaire, cette classification tripartite
est profondément empirique, — on en convient
volontiers aujourd'hui. Elle attribue une valeur
exagérée à certains caractères extérieurs des
conceptions mondiales; et elle passe sous silence,
elle méconnaît entièrement les causes intimes qui,
réglant l'évolution des idées générales, différencient
seules, en réalité, les grandes synthèses universelles. A cet égard, cette classification est presque
aussi insignifiante que celle, d'un emploi courant,
qui consiste à diviser l'histoire des peuples en
ancienne, moyenne et moderne.

Divinité, entité de l'esprit, loi naturelle, voilà les
signes quintessenciés auxquels se doivent reconnaître, selon Comte, les grandes espèces dont la
nomenclature épuise la série totale des philosophies
possibles; et voilà aussi les trois degrés d'initiation
par où passe la raison humaine avant de pouvoir
légitimement prétendre à la maîtrise du monde.

Or, ces signes et ces degrés défigurent et tra-
vestissent d'une façon singulière la réalité des
choses au profit de leur apparence. Effets variés
d'une cause unique dont ils masquent l'action, ils
se prennent, ils se font régulièrement passer pour
autant de causes originelles. Et lorsque, tirant de
sa classification des philosophies une grande loi
sociologique, Comte affirme que toutes nos connaissances spéciales traversent et subissent trois
états, portent d'abord l'empreinte de l'esprit théologique, puis la marque de l'esprit métaphysique,
enfin celle de l'esprit positif, il insinue d'une façon
très claire que la science est successivement guidée
dans ses recherches par trois hypothèses initiales
ayant un caractère universel ou philosophique. Il
donne ainsi à la pensée du philosophe un rôle propulseur qu'elle ne tient pas à l'égard de la science,
qu'elle joue seulement par rapport à l'art et à
l'activité humaine. Et il tend en outre à perpétuer
l'équivoque notion d'une synthèse universelle pos-
sédant la valeur d'une conjecture que nulle discipline spéciale n'est capable de renfermer dans ses
limites, mais dont l'influence énergique et directe
se fait sentir dans toutes les branches du savoir.

L'idée divine et l'entité métaphysique sont sûrement pour lui de semblables hypothèses (je ne sais

pas s'il range dans la même classe le concept de loi naturelle). Aussi se garde-t-il d'abolir ou de nier les deux premières; il lui suffit, par une distinction subtile et qui rajeunit le vieil agnosticisme, de les écarter de son chemin. Il ne voit pas, en somme, que les grandes idées qui dirigèrent l'art et les arts, l'esthétique et la conduite humaines, mais qui jamais, comme il le croit faussement, ne commandèrent à la science, que ces idées, dis-je, prises à leur origine, furent les simples et justes conclusions de vastes syllogismes dont les prémisses embrassaient la somme entière des connaissances d'une époque. Et il voit encore moins que c'est seulement à la suite du désaccord qui éclata plus tard entre elles et le savoir *nouvellement* acquis, que ces synthèses perdirent peu à peu leur valeur apodictique et revêtirent un caractère conjectural; cela, bien entendu, rien qu'aux regards de certaines minorités qui, entre temps, avaient réussi à tirer de leurs connaissances augmentées et surtout rectifiées de toutes autres conclusions logiques.

CHAPITRE III

La pensée syncrétique et symbolique.

L'art et ses deux sources : la philosophie et la science. — Les concepts de *beauté* et de *laideur* et leur réalisation concrète. — L'art comme trait d'union entre toutes les formes du « synthétisme apodictique » (conviction empirique, croyance, doute, certitude rationnelle) et tous les aspects du « praticisme téléologique ». — L'art rudimentaire correspondant à la connaissance et à la conviction empiriques (*âge de la foi*). — L'art de plus en plus développé correspondant à la connaissance et à la certitude de plus en plus rationnelles (âge de la philosophie appelé, par substitution, *âge de la science*). — Le phénomène sociologique de *précession* et la loi qui le gouverne. — Importance croissante du facteur esthétique.

Si le mode scientifique de la pensée sociale détermine son mode religieux ou philosophique, ces deux modes, et surtout le second, en conditionnent un troisième : et c'est l'attitude *esthétique* que l'esprit de l'homme en rapports constants avec ses semblables prend aussi bien vis-

à-vis d'eux que de l'univers ou de la nature en
général. Cette attitude constitue une partie inté-
grante de toute interaction psychologique. Un
milieu vraiment social ne s'imagine pas en dehors
du jugement esthétique, dans la large acception
que Kant donne à ce terme, c'est-à-dire du jugement qui, ne séparant pas les choses de leurs
apparences sensibles ou de leurs « formes », considère celles-ci de façon à en tirer un sentiment
de plaisir. Chacun de nous donc est tour à tour,
en une certaine mesure, savant, philosophe et
esthète ou artiste, et ce sont ces divers aspects
de la même pensée sociale que nous exprimons
par nos actes, que nous extériorisons dans notre
conduite (*18*).

Les manifestations esthétiques — et, nous le
verrons plus loin, leur nombre est considérablement plus grand qu'on ne l'admet d'habitude —
mettent en œuvre le mode *syncrétique* et *symbolique* de la pensée sociale. Celle-ci se sert de l'art
pour accomplir une tâche collective et hautement
civilisatrice que la science et la philosophie indi-
quent et préparent, chacune par leurs moyens
propres, mais que ni l'une ni l'autre ne sauraient
assumer ni mener à bonne fin. Il ne s'agit pas,
cette fois, de résoudre la réalité qui nous envi-

ronne en ses derniers éléments, pour en extraire
la moelle abstraite; il ne s'agit pas, non plus, de
reconstituer, à l'aide de larges généralisations,
l'unité rationnelle de l'univers décomposé et divisé
par les patientes analyses du savant. Mais il s'agit
d'atteindre, dans l'être concret, sans le diminuer
ou le réduire analytiquement et en lui conservant
la plénitude et la mobilité vivantes que la synthèse
logique du philosophe se montre incapable de lui
restituer, il faut atteindre, dis-je, dans toute réalité concrète, l'idée essentielle, dominatrice, ce
que Taine appelait le trait ou le caractère intime
le plus saillant des choses.

A ce caractère — que nous n'isolons pas de
son ambiance complexe, que nous nous bornons
à grossir, à renforcer, à mettre en évidence, à
faire resplendir en le parant des couleurs écla-
tantes et des tons chauds de la vie réelle — nous
appliquons indifféremment les épithètes d'*idéal* ou
de *beau*. La beauté, en ce sens, est une vérité de
haute sélection, si je puis dire, une vérité soigneu-
sement choisie et que nous reconnaissons entre
mille à ce signe infaillible : qu'éveillant en nous
un vif sentiment de plaisir, elle ranime notre con-
fiance en nous-mêmes, elle nous pousse à porter
et à dépenser au dehors notre surcroît d'énergie,

elle excite et stimule nos activités pratiques ou
utilitaires.

Je l'ai dit ailleurs, et je ne puis que le répéter :
guidé dans ses choix — le plus souvent à son insu
et simplement parce qu'il subit l'influence du
milieu — par les analyses du savant et plus immédiatement encore par les larges synthèses philosophiques qui créent l'univers des grandes vérités
abstraites (et respectivement celui des grands
mensonges religieux et des illusions métaphysiques), l'artiste procède à un triage subtil et délicat.
Promenant sa vue sur le vaste monde des apparences sensibles, des choses concrètes qui l'entourent de toutes parts, il marque, il adopte, il
fait siennes certaines réalités — sons, lignes,
formes, couleurs, sentiments, émotions, idées,
actes, etc. — qui, plus essentielles à ses yeux,
plus profondes que les autres, lui semblent, en
outre, pouvoir être arrangées, juxtaposées, combinées de manière à éveiller en nous une émotion
agréable, un plaisir spécial : *le plaisir d'agir*,
l'espèce la plus importante peut-être du plaisir de
vivre. Ainsi découvre-t-il la *vérité joyeuse*, le savoir
gai, agile et leste qui s'intitule encore *beauté* et
qui excite notre courage, qui repose et raffermit
nos énergies épuisées, qui nous aide, plus que

tout le reste, à supporter virilement les mille
souffrances de la vie (*19*).

La vérité que l'artiste fait jaillir à nos yeux
n'est ni analytique et conjecturale, comme celle
du savant, ni synthétique et apodictique comme
celle du philosophe. Elle est syncrétique et symbolique. Et cela principalement pour les trois raisons qui suivent. D'abord, qu'il en demeure conscient ou non, l'artiste cherche et trouve sa vérité
« plaisante » sous l'influence et avec l'appui combiné du savoir et des croyances générales de son
époque; elle participe donc toujours de cette origine éclectique. Ensuite, pour la faire sortir du
rang des vérités quelconques et la douer d'une
existence distincte, l'artiste est obligé de réunir,
de fondre harmonieusement ensemble les attributs
les plus variés, les traits les plus divers de la
réalité concrète. Enfin, pour remplir autrui de la
connaissance joyeuse ainsi acquise et de l'émotion
invigorante qui l'accompagne, l'artiste recourt
à des moyens qui lui sont propres et qu'il perfectionne sans cesse : il emploie le langage universel, commun à tous les hommes, des symboles,
des images ou figures ayant la valeur de signes
représentatifs des nouveaux agrégats par lui
formés.

On oppose souvent d'une façon rigoureuse le concept de *beauté* à celui de *laideur*. On ne voit pas que, pareilles à cet égard aux concepts du bien et du mal, ces deux idées sont unies entre elles non seulement par un rapport de corrélation des plus étroits, mais par une identité foncière de nature. La laideur n'est jamais autre chose qu'un degré inférieur de beauté, un échelon dépassé soit par l'évolution régulière, soit par les caprices passagers (la mode) du choix, de l'appréciation éclectique à laquelle on donne le nom de *goût*. Le laid en soi, comme le mal en soi, comme le repos en soi, comme tous les concepts négatifs absolus, ne saurait exister indépendamment du concept corrélatif et positif de beauté qui lui fournit, avec sa raison d'être, tout son contenu réel.

Cela est si vrai que dans certaines conditions — et elles se présentent plus fréquemment qu'on ne l'avoue d'habitude — la plus grande laideur se transmue à nos yeux en incontestable beauté. Un tel prodige n'offre rien de miraculeux, puisqu'il s'accomplit en vertu des règles générales qui gouvernent les manifestations de la pensée esthétique et qui toutes se ramènent à ces deux marches ou ces deux procédés convergents de l'esprit : le *syn-*

8

crétisme faisant finalement saillir le trait essentiel ou dominateur d'une réalité concrète donnée, et le *symbolisme* l'exprimant d'une façon claire et universellement compréhensible (20).

La place occupée par l'art parmi les modalités de l'interaction psychique en fait le trait d'union naturel entre toutes les formes du « synthétisme apodictique » : la certitude empirique, la foi ou croyance, la certitude rationnelle, et tous les aspects du « praticisme téléologique », si l'on peut s'exprimer ainsi, de l'activité journalière commandée aussi bien par la pensée analytique et le doute qui l'accompagne, que par la pensée synthétique et la conviction qu'elle entraîne. De même que les religions et les philosophies vivent sur les recherches et les conjectures du savant, dont elles s'assimilent les résultats, l'art vit sur les idées générales, religieuses ou philosophiques, de son temps et se nourrit de leur substance. Un art enfantin et grossier signale l'empirisme rudimentaire des premières envolées de l'esprit généralisateur. Un art plus développé surgit à mesure qu'un savoir plus étendu et plus profond forge les armes qui permettent à la pensée métaphysique de lentement saper par leur base les vieilles certitudes, pour les changer en simples croyances. A

nos yeux de modernes, ces deux époques se fondent en un seul grand « âge de la foi » d'abord
inattaquable et inattaquée, et ensuite de plus en
plus défaillante. Nous lui opposons aujourd'hui
ce que nous appelons l'*âge de la science* et ce qui
(puisque l'art ne communique guère avec la
science que par l'entremise de la philosophie)
devrait s'appeler l'âge de la raison, de la certitude
tendant à devenir de plus en plus rationnelle.

Une loi assez régulière de « précession » semble
gouverner les rapports mutuels de dépendance qui
s'établissent entre les quatre termes de notre série
surorganique. Par suite (sans parler déjà de sur-
vivances tout à fait grossières exemplifiées par les
religions, par certaines formes basses de l'art et
par divers aspects de l'action dite criminelle), ni la
philosophie la plus répandue à chaque époque, ni
l'art qui rallie, à un moment donné, le plus grand
nombre de suffrages, ni la conduite *id temporis* des
grandes masses humaines ne se moulent jamais
exactement, la première sur le savoir vraiment
contemporain, le second sur la philosophie
régnante, la troisième enfin sur l'art approuvé et
acclamé par les foules. Toutes ces modalités de la
pensée sociale retardent, pour ainsi dire, sur
l'heure précise marquée à l'instant où elles se

manifestent au cadran de l'histoire. Ainsi, par
exemple, la philosophie ou les philosophies qui
aujourd'hui ont le plus de prise sur la raison des
hommes, correspondent beaucoup moins au savoir
de la fin du xixᵉ siècle qu'à celui des dernières
années du xviiiᵉ; et le même fait se répète quant à
l'art, qu'il s'affuble ou non du titre de nouveau ou
moderne. L'art agréé par le goût régnant s'inspire
presque toujours des philosophies déjà disparues,
et il n'offre que très peu de points de contact avec
les conceptions philosophiques courantes. Quant
à l'action pratique exercée soit par les hommes
d'État, soit par la masse des citoyens, par les par-
ticipants dans une mesure quelconque à la vie
économique et technique des sociétés actuelles,
il saute assez à tous les yeux que cette action qui,
à la rigueur, pourrait s'exprimer par un seul mot :
la moralité, retarde outrageusement sur l'ensemble
de notre vie contemplative, c'est-à-dire aussi bien
sur la science que sur la philosophie et sur l'esthétique de nos jours.

Quoi qu'il en soit, l'attitude rétrograde qu'accu-
sent tour à tour tous les termes de notre série
(attitude à laquelle j'ai donné le nom de « précession » par analogie avec un mouvement astrono-
mique bien connu) n'affecte en rien la loi générale

d'étroite corrélation qui unit ces termes entre eux.
Cette loi continue à gouverner l'évolution de la
pensée sociale en lui faisant suivre la filière des
quatre modes d'interaction indiqués plus haut et
auxquels nous pouvons appliquer les paroles
mêmes dont Taine se sert lorsqu'il veut caractériser la dépendance mutuelle de certains faits
reliés par une formule esthétique restée célèbre :
« Le premier terme entraîne avec lui le second,
qui entraîne le troisième, et celui-ci le quatrième;
si bien que la moindre altération de l'un des termes,
amenant une altération correspondante dans les
suivants et révélant une altération correspondante
dans les précédents, permet de descendre et de
remonter par le pur raisonnement de l'un à
l'autre » (21).

Quant à l'art en particulier, l'expérience universelle prouve surabondamment que sa valeur
sociale (ou la place que les besoins esthétiques
occupent dans la vie et les préoccupations de l'humanité) croît en raison directe du développement
acquis par les deux membres antérieurs de la série
sociopsychique, le savoir exact et surtout la philosophie, — développement qui, en vérité, constitue
la trame ou le fond même de ce qu'on appelle une
civilisation (22).

CHAPITRE IV

Une lacune dans la nomenclature des arts. L'amour et l'amitié considérés comme de larges manifestations esthétiques.

Caractère arbitraire des classifications esthétiques. — La psychologie dualiste et empirique. — Les passions et les sentiments. — Le prototype populaire des arts plaisants. — Le syncrétisme de l'amour. — L'altruisme symbolisé par l'égoïsme à deux. — La stimulation amoureuse. — La poésie du peuple. — Le choix épurant l'instinct sexuel. — La jalousie. — L' « amoralisme » pareil de l'amour et de l'art. — L'influence de la philosophie. — Aphorismes courants.

La nomenclature des diverses formes, des aspects variés de la pensée syncrétique et symbolique a toujours laissé beaucoup à désirer. Elle a toujours été quelque peu arbitraire, fantaisiste et surtout — ce sont là aujourd'hui ses deux tares principales — superficielle et étroite. On avait beau cataloguer parmi les manifestations artistiques — d'ailleurs non sans fondement — les mélo-

pées monotones du travail, les mimiques simies-
ques des peuplades sauvages et jusqu'à la danse du
scalp, on n'arrivait pas à épuiser le vaste contenu
de ce mode spécial d'interaction psychologique. On
s'en faisait une idée inadéquate, incomplète, fragmentaire, s'arrêtant aux signes extérieurs, ne
pénétrant pas jusqu'à l'essence intime des phénomènes correspondants. Ainsi laissa-t-on de côté,
refusa-t-on de reconnaître comme déployant un
caractère profondément esthétique, des classes
entières de faits sociaux dont je dirai ici quelques
mots et qui, dans cet ordre de notions, mériteraient
de prendre, à mon gré, une place proéminente.

Je veux parler avant tout de l'amour et de
l'amitié que je considère comme des formes d'art
injustement omises et négligées par nos nomen-
clatures et nos classifications esthétiques. Il ne
s'agit pas pour moi, cela s'entend, de la fonction
physiologique, mais bien de la superstructure
sociale très complexe qui s'y ajoute et qui est
franchement surorganique (dans le sens constant
que j'attribue à ce mot).

On a cru tout dire en rangeant l'amour (et respectivement l'amitié) parmi les passions ou les
sentiments de ce qu'on appelle le cœur humain.
On revient ainsi sans cesse à cette psychologie

dualiste et incurablement empirique qui, ne s'appuyant ni sur la biologie, ni sur la sociologie, avait, semblait-il, fait son temps. On oublie que ce mot, le cœur humain, comme tant d'autres termes du même genre, comme le cerveau, l'esprit, la raison, la conscience, etc., n'exprime qu'un certain état ou plutôt qu'une certaine phase d'un processus fondamentalement le même qui, dans l'espèce, est le fait surorganique, la pensée devenue sociale. Or, toutes les modalités de cette pensée sans la moindre exception offrent la même gamme extrêmement riche d'états conscientiels ou de phases évolutives.

Les passions et les sentiments les plus variés font escorte et se mêlent aux recherches subtiles du savant, aux méditations et aux larges vues d'ensemble du philosophe (le sentiment religieux exalté jusqu'à l'extase en offre la preuve à la fois topique et vulgaire), aux conceptions et aux créations de l'artiste, aux moindres actes de la vie extérieure et pratique. Et inversement, « il ne saurait exister, du moins chez les êtres raisonnables, de sentiment qui ne s'appuie sur une représentation, sur une idée corrélative... Otez, éloignez, détruisez ce substratum de la discrimination, de la connaissance, et le sentiment qui y plonge toutes ses racines — car il ne s'agit pas de sensations ou

d'appétits purement physiologiques — le sentiment
ne tardera pas à s'évanouir » (23).

Nous sommes donc mal venus d'arguer, du
caractère sentimental ou passionnel de l'amour et
de l'amitié, que ces phénomènes, alors même qu'ils
ont dépassé l'étiage de la vie purement animale,
restent vides de tout contenu idéologique et ne se
laissent pas enregistrer sous l'une ou l'autre des
quatre rubriques essentielles de l'interaction mentale. Tant pis pour nous si nous ne savons pas
définir, dans leur intime essence, ces passions et
ces sentiments prétendus exclusifs, si nous nous
déclarons impuissants à résoudre ce problème
modeste et simple, et néanmoins séduisant : qu'est-
ce que l'amour et les émotions affectives qui lui
ressemblent et l'avoisinent comme dans une chaîne
de montagnes les sommets moins hauts se groupent
autour d'une cime plus élevée et plus apparente?
Est-ce une sorte de connaissance, une espèce de
philosophie, une variété d'art ou un ordre particulier d'activité?

Quant à nous, notre siège dans cette question est
fait. Nous estimons que l'amour et ses différents
congénères constituent une forme particulièrement
importante du mode syncrétique et symbolique de
la pensée sociale. L'amour est un art. C'est même

sans doute l'art le plus répandu et le plus efficace,
socialement parlant, qui soit au monde; peut-être
l'origine et le prototype de tous les autres. Il est
forcément une œuvre d'imagination. Il est essentiellement constitué par l'emploi invariable de ce
que nous avons appelé les deux marches conver-
gentes de l'esprit esthétique : le « syncrétisme » qui
pare l'objet aimé de tous les attributs plaisants dis-
séminés un peu partout et observés dans les êtres
semblables, et qui ici renforce et grossit ces qualités jusqu'à faire de leur porteur l'exemplaire
unique, le type du genre; et le « symbolisme » qui
donne au dogme sentimental, pour ainsi dire, ou à
la pensée amoureuse la valeur exacte d'un symbole
accessible à toutes les intelligences.

Ce symbolisme de l'amour est même la seule
chose qui l'ennoblisse, qui le tire ou le préserve
d'une sorte de fange morale plus détestable et plus
salissante mille fois que la boue physique; la seule
chose qui excuse l'égoïsme inconscient et outran-
cier de l'amant et de son partenaire aux yeux des
spectateurs bénévoles du drame amoureux. Car le
symbole éternellement évoqué par l'amour signifie
ni plus ni moins que ceci : dans cet être j'aime tous
les êtres pareils et plus encore, tous les êtres
vivants, et plus encore, la nature, l'univers entier.

Tous les vrais amoureux — j'allais écrire les vrais
artistes, les virtuoses du grand art d'aimer — ont
ressenti ce gonflement centrifuge, cette formidable
expansion du dedans au dehors. L'égoïsme à deux,
aussi vil et déprimant que la passion exclusive de
soi, se transmue ainsi, grâce à la puissance magique du symbole amoureux, en un large et bienfai-
sant altruisme.

Une dernière qualité esthétique, et non des
moindres, appartient à l'amour vrai. Personne ne
l'ignore, celui-ci est l'auxiliaire, le stimulus le plus
énergique de l'action. A cet égard, l'amour ne le
cède en rien à la foi qui, nous assure-t-on, trans-
porte les montagnes; et les prodiges qu'il a
accomplis, depuis longtemps la fable du monde,
ne se comptent plus. Or, si tout cela n'est pas de
l'art, et du meilleur, du plus glorieux, du plus
fondamental, du plus pur, je me demande un peu
ce qui peut bien mériter ce nom? Serait-ce encore
et toujours la danse du scalp?

L'amour est la grande, la sérieuse poésie du
peuple. C'est la forme d'art où les masses humaines
excellent et où elles pourraient rendre des points
aux minorités qui souvent, sous prétexte de diriger
et de conduire les foules, ne font que les dominer
et les exploiter. Au reste, les similitudes, les

strictes analogies surabondent entre cet art populaire et non classé ou déclassé et les arts marqués
par l'estampille officielle.

On connaît la théorie un peu vague qui assimile
l'art au jeu. Mais l'amour n'est-il pas le jeu par
excellence de l'âme avec elle-même, jeu plein de
risques attrayants et par là contagieux au plus
haut degré? L'artiste, dit-on, fait ce miracle de
diviniser un bloc de marbre, un morceau de glaise,
une toile et des terres délayées dans l'huile ou dans
l'eau,etc.;mais l'amour n'accomplit-il pas un prodige
tout pareil, ne divinise-t-il pas l'être quelquefois
plus qu'insignifiant sur la tête duquel il accumule, il
reporte toute la beauté éparse dans le monde? « Il
est impossible, dit judicieusement Stankevitch, le
chef de file du petit groupe littéraire d'où sortirent
Herzen, Ogareff, Belinsky, Bakounine et quelques
autres, il est impossible de serrer la main à ce
géant qui s'appelle l'Univers, de donner un baiser
passionné à la nature, d'épier les battements de
son cœur immense »; aussi — conclut-il, — pour
rester en communion constante avec le monde, il
nous faut aimer, d'amitié ou d'amour, tel ou tel
exemplaire du genre humain, telle ou telle réduction microcosmique de l'univers (24).

Le goût esthétique est essentiellement un choix.

Qr, ainsi qu'on en a déjà fait la remarque, l'union sentimentale de deux êtres n'a pas été trop exaltée par les poètes, car elle manifeste au plus haut point le *choix* qui épure l'instinct sexuel. La jalousie elle-même, cette passion basse et lâche où s'exacerbe, en ce qu'il a de plus odieux, le sentiment de propriété exclusive, trouve quelques circonstances atténuantes dans le caractère artistique de la possession disputée et défendue. D'autre part, la pureté de l'amour égale la candeur ingénue de l'art. « Si fol est l'amour, dit Shakespeare, que, dans ce qui lui plaît, quoi qu'on fasse, il ne voit rien de mal. » L'art non plus ne voit rien de mal en ce qui lui plaît, et c'est par cet amoralisme profond qu'il exerce une si haute action moralisatrice.

La philosophie et, respectivement, la religion agissent, on le sait, d'une façon puissante sur toutes les formes de l'art. Mais la même influence se fait sentir dans les choses de l'amour et de l'amitié. L'amour et l'amitié se différencient selon la nature des conceptions d'ensemble qui dominent dans divers cas, et tous deux puisent à la même source, dans l'accord ou l'identité des vues générales sur l'univers, la principale force qui lie les âmes et les assimile l'une à l'autre. Le voisinage, la proximité

de la philosophie et de l'amour ont même trouvé
leur expression dans certaines formules courantes
comme celle, par exemple, qui aboutit à cette
double définition : la plus haute sorte de philosophie est la « conscience de l'infini », et la plus
haute sorte d'amour est le « sentiment de l'infini ».
Pareillement, la proche parenté entre l'amour ou
encore l'amitié fervente et les autres formes
de l'art a plus d'une fois été involontairement
mise en relief par divers aphorismes dont je ne
citerai ici que le suivant, devenu banal à force
d'être répété : L'amour, l'amitié et l'art représentent ce qu'il y a de vraiment humain en nous, ce
qui nous élève au-dessus du reste de la nature!
(25.)

CHAPITRE V

La pensée pratique et téléologique.

L'action. — Ses trois racines : l'art, la philosophie et la connaissance. — L'esthétique et la technique. — L'art au sens strict et au sens large et dérivé du mot. — Le premier, prototype du second, se confond avec lui au début de l'évolution pratique et finaliste. — Distinction fondamentale entre l'*action* qui est une *application* de connaissances (et respectivement de certitudes philosophiques et de goûts esthétiques) et l'*expérience* qui est leur *recherche* préalable. — Ces deux domaines se touchent comme les points extrêmes d'un cercle. — Nécessité scientifique de redresser le cercle et de l'étudier comme une ligne droite. — L'action « synthétisée » par la philosophie et « syncrétisée » par l'art. — La *conduite* et son contenu, le *travail.*

Sortie de sa phase spéculative — qui se subdivise en trois sortes de recherches, la poursuite de la vérité abstraite particulière, la poursuite de la vérité abstraite offrant un caractère universel, enfin la poursuite de la vérité conventionnelle-

ment rendue concrète et expressément choisie
pour sa nature stimulante et joyeuse, — la pensée
sociale entre dans sa phase active. Certes, le sens
du mot « action », comme celui de tous les termes
très généraux, peut facilement s'étendre de façon
à embrasser simultanément les deux phases. Il y
aurait lieu, en ce cas, d'opposer l'activité spéculative à une activité d'une autre espèce, qui serait
pratique et utilitaire, ou bien d'opposer l'acte qui
cherche, trouve et commande, à l'acte qui applique
et obéit. Mais c'est là une distinction bien subtile,
et il vaut mieux, croyons-nous, considérer l'action
proprement dite comme une attitude particulière
que l'esprit humain prend d'une façon invariable
immédiatement à la suite des trois attitudes tout
aussi spécifiques dont nous venons de résumer dans
les chapitres précédents quelques traits essentiels.

L'action ainsi comprise, ou ramenée aux travaux
dirigés par une activité antérieure de l'esprit, aux
travaux d'exécution, aux labeurs techniques, ou à
des séries de tels travaux, à des « conduites »
humaines, cette action est le mode ultime par où
se manifeste la pensée sociale. Ayant atteint ce
point de culmination, celle-ci ne peut subsister
ou revivre qu'en se retrempant à ses sources
premières, en redevenant scientifique, philoso-

phique ou esthétique. Mais tant que dure sa fonction exécutive, la pensée sociale se comporte d'une
façon particulière et qui ne permet pas de confondre cette phase de son évolution avec les phases
qui la précèdent et la préparent. Ce à quoi l'esprit
s'attache maintenant, ce qu'il cherche dans la
réalité qui l'environne et qui demeure concrète-
ment indivise, c'est la *vérité pratique*, c'est l'interprétation ou la traduction, en mouvements utiles,
au triple point de vue vital, social et psychologique, des vérités d'un autre genre — nous les
appelons, par contraste, « *désintéressées* » — entre-
vues ou déjà fixées par la science, par la philosophie, par l'art. Et les mouvements dont nous parlons
sont toujours envisagés comme autant de *moyens*
qui servent à atteindre tels ou tels *buts* vitaux,
sociaux ou psychologiques.

Certes, les autres modalités de la pensée sociale
tolèrent à leur tour les méthodes *finalistes*. Elles
s'en accommodent même très bien. Mais ces
méthodes ici ne sont jamais exclusives des
méthodes inverses ou *causales*. Le savant, le penseur, l'artiste se préoccupent tout autant et souvent
beaucoup plus de la genèse des phénomènes, que
de leur destination, des usages auxquels ils se
laissent plier, des besoins qu'ils peuvent satisfaire.

9

Le praticien, par contre, considère toute chose *uniquement* sous ce dernier angle de vue.

La complète dépendance du mode pratique de la pensée vis-à-vis de ses modes spéculatifs ne fait pas l'ombre d'un doute. Ainsi que j'ai déjà eu l'occasion de le dire, « nos connaissances particulières, nos idées, nos croyances générales et nos sentiments, nos goûts esthétiques forment tout l'appareil directeur — gouvernail et voilure — de cette nef imposante, l'action pratique... Et toute orientation nouvelle de l'esprit — dans la science, dans la philosophie, dans l'art — influe puissamment sur nos façons ou nos méthodes d'agir, qu'elle bouleverse d'abord, qu'elle transforme ensuite... Déjà modifié par les énergies sociales qui se dégagent du contact, du choc répété des consciences, l'animal raisonnable, avant de se mêler, au risque de se confondre avec lui, au monde des êtres vivants et des choses inertes qui l'entourent, prend, pour ainsi dire, ses précautions. Il observe d'abord et divise; il ratiocine ensuite et unit; il choisit enfin, il fixe symboliquement ses préférences. Et ce n'est qu'après avoir préparé de la sorte son action, qu'il s'y livre, qu'il l'exécute. Nécessairement donc, chacun de nous est, tour à tour, quoique à des degrés fort dissemblables, savant, philosophe,

artiste et, en dernier lieu, praticien ou acteur... »
(26.)

La pensée pratique et téléologique est gouvernée
par la loi sérielle que nous voyons à l'œuvre dans
toutes les autres sphères de la mentalité sociale.
Certaines applications de détail semblent dépendre
directement des connaissances correspondantes.
Mais il n'en est plus de même par rapport à la
totalité de nos actes, à l'ensemble de notre conduite,
qui porte l'empreinte profonde de nos idées et de
nos goûts esthétiques. Si le *beau* est le descendant
direct du *vrai*, il est, à son tour, l'ancêtre immédiat
du *bien* pratique, de l'*utile*, et non inversement,
comme l'enseigne une école fort répandue de
sociologues.

En seconde ligne vient l'influence exercée
sur nos actes par la religion et la philosophie.
Cette influence nous semble très puissante dans
les groupes sociaux où la pensée esthétique
demeure faiblement développée, où l'art ne dépasse
pas un niveau médiocre. Et cela est naturel,
puisqu'un mécanisme transmetteur presque négli-
geable s'interpose alors entre la force de propulsion
qui appartient à nos idées et à nos croyances
générales et le travail effectif que cette force
produit.

Au reste, toutes les langues relèvent et consacrent l'étroite parenté qui existe entre l'art et l'action. En effet, c'est par un seul et même terme que le langage habituel désigne la difficulté vaincue, soit par la pensée ou l'inspiration esthétique, soit par la pensée ou l'inspiration pratique; et le même mot sert à indiquer les méthodes qui, dans un cas comme dans l'autre, qu'il s'agisse d'arts plaisants ou d'arts utiles, permettent d'écarter l'obstacle. L'*esthétique* touche par plus d'un point la *technique*. La première marque un excédant de force psychosociale libre ou restée inemployée; elle réveille et stimule par suite la vigueur de la seconde; et celle-ci, dans l'ordre normal des choses, s'adresse à celle-là, cherche son avis et suit ses conseils. Une industrie florissante ne prétend pas à diriger les idées esthétiques; et le rapport inverse dénote toujours une décadence de l'art dont les causes remontent plus haut, à un arrêt dans le développement des idées philosophiques ou scientifiques; désordre qui, tôt ou tard, se traduit par un relâchement ou un affaiblissement des énergies actives elles-mêmes.

Certes, je n'entends nullement dire que les beaux-arts aient précédé, dans la réalité historique, les arts utiles. Une telle antécédence ne se laisse

constater, dans ce cas spécial, comme dans celui de
la philosophie et de la science, qu'à la suite d'un
effort de l'esprit d'abstraction et d'analyse. Il
semble certain, au contraire, qu'au début de l'évolution pratique et finaliste, les deux sortes d'arts ne
furent jamais strictement séparés (27).

La même tendance caractérise les autres modes
fondamentaux de la pensée sociale. L'indistinction
des termes sériels voisins paraît être la loi, la
règle constante de toute évolution encore embryonnaire.

La pensée devenue pratique, ne visant qu'à
l'utilité, c'est l'action elle-même. A cet égard,
toutefois, une distinction capitale s'impose entre
l'acte qui va droit au but en appliquant à sa réalisation des moyens déjà découverts, sinon toujours
éprouvés — trouvailles plus ou moins heureuses
de la science, de la philosophie, de l'art, — et l'acte
qui consiste dans la recherche préalable aussi bien
des buts que des moyens, dans la position des uns,
dans la prime invention des autres, et même dans
leur coordination initiale. Au premier seul convient,
selon nous, le nom d'*action*. Le second se désigne
par le terme d'*expérience*, auquel il serait seyant
d'attribuer une valeur réelle et plus stricte, une
signification spéciale.

Dans la réalité concrète, journalière et vivante,
les domaines de l'action et de l'expérience se
touchent comme les deux points *extrêmes d'un
cercle*, précisément parce qu'ils sont situés à
l'opposé l'un de l'autre. Mais dans la réalité
abstraite (au point de vue de la théorie pure), une
nécessité d'ordre scientifique surgit qui nous commande de redresser le cercle, de l'étudier — analytiquement et hypothétiquement — ainsi qu'une
ligne droite. Il semble inutile d'insister sur ce
point qui est l'évidence même. Je me bornerai donc
à rappeler ici que ce n'est pas la première fois que
je propose de « ranger les études du savant, du philosophe et de l'artiste en un groupe à part, en une
classe séparée de la vaste catégorie renfermant les
autres espèces d'activités. Cette dernière division
comprendrait seule, dès lors, l'action proprement
dite, le travail déjà sorti de la phase spéculative,
déjà entré dans la phase d'accomplissement ou
d'exécution. Il y aurait là comme une formation
mentale ou sociopsychique distincte, venant à la
suite, dépendant des trois activités directrices
indiquées en premier lieu, prenant leurs ordres,
appliquant les résultats théoriques acquis, ne les
recherchant pas. Cette activité, en outre, s'offrirait
comme la plus intime combinaison de l'action de

la' pensée sur le monde avec la réaction du monde
sur la pensée. »

L'idée est semblable au germe, l'action au fruit.
Mais la semence n'est-elle pas à son tour renfermée
dans la moisson, et ne pouvons-nous pas dès lors,
changeant de point de vue, affirmer avec une
grande apparence de raison que l'idée simple jaillit
du fait complexe, que l'abstrait se tire du concret?
Oui, et nous n'y faillissons pas. Mais le piège tendu
ici à notre logique et où nous nous laissons prendre
d'une manière assez naïve, est manifeste. Nous
considérons les choses, dans un cas, en les disposant sur la ligne courbe du cercle dont je viens de
parler, et dans l'autre, en les plaçant sur cette ligne
déjà redressée. Or, puisqu'il est impossible, à un
esprit, d'envisager *simultanément* la même somme
de faits sous deux angles de vue divers (comme
il est impossible, pour une figure géométrique,
d'occuper à la fois deux portions distinctes de
l'espace), il nous faut forcément choisir entre ces
points de vue opposés.

Nous avons indiqué ce qu'il convient de faire au
savant : il doit, par hypothèse, ouvrir le cercle
réel et étudier, d'une façon abstraite et analytique,
ses plus petites portions qui, jointes les unes aux
autres, n'arriveront jamais à se confondre par leurs

extrémités. La science nous montre ainsi « dans la
pratique, même délivrée du joug de la théorie pure,
même ayant recouvré une autonomie en apparence
complète, — une théorie embryonnaire, non
dégrossie, enveloppée d'une gangue opaque »; et
dans l'action « une idée qui s'exprime en se réalisant ».

Tout autre est le point de vue du praticien
qui ne décompose pas la réalité concrète, qui res-
pecte son intégrité, qui l'admet globalement comme
un fait indivisible. Aussi n'hésite-t-il presque
jamais à faire dériver les hautes idéalités de la
science, de la philosophie et de l'art, non pas de
l'expérience telle que nous l'avons définie, mais de
la pratique courante, de la plus fruste technique
économique. Il ramène le mouvement abstrait (ou
simple et homogène) au mouvement concret (ou
composé et hétérogène), et l'intelligence à l'action.
Il devient de la sorte, à la longue, la proie d'une
illusion mentale que Bacon omit de noter parmi
ses différentes espèces d'idoles, mais qui semble
être le produit combiné de ce qu'il appelle les
« idoles de la race » et les « idoles de la caverne ».
Je veux parler du finalisme inconscient et aveugle
au point de s'estimer lui-même ainsi qu'un rapport de causalité. L'action est l'aboutissement

nécessaire, la fin ultime de toute idéologie. Croire
qu'elle en est l'origine ou la source, c'est confondre
l'inversion téléologique, la marche de l'esprit de
l'effet à la cause, du but (ou motif) au moyen, avec
la pure relation causale, la marche de l'esprit de
la cause à l'effet, du précédent au conséquent (28).

Sous la double influence de la philosophie qui
tend à l'unifier ou à la systématiser, et de l'art qui
tend à la fortifier en la rendant attrayante (choisie,
exceptionnelle), l'action, multipliée par elle-même,
devient ce qu'on appelle la *conduite*. Elle a pour
matière ou contenu — le *travail* humain.

CHAPITRE VI

Le concept sociologique de liberté.

L'évolution qui de la conduite ignorante et impulsive mène
à la conduite savante et strictement déterminée. — L'illusion du libre arbitre. — Le sens métaphysique de l'idée
de *liberté*. — Nouvelle définition de ce concept. — L'oppression et la liberté considérées comme des degrés
différents (extrêmes) du même processus social. — Le
droit à la révolte. — Le doute représenté par la tolérance. — Conclusion.

L'étude attentive des faits que l'histoire enregistre et classe nous enseigne qu'une évolution
lente mais régulière, qui ne s'arrête ou ne s'interrompt que pour des périodes relativement courtes,
qui, après de telles haltes, reprend toujours son
essor, mène l'humanité de la conduite ignorante,
impulsive, contradictoire, guidée par le savoir
empirique, soumise à la foi religieuse, stimulée
par l'art rudimentaire, à une conduite de plus en
plus savante, déterminée, logique, gouvernée par

là science abstraite, soutenue par la certitude rationnelle, inspirée et ennoblie par l'art florissant.

Dans le monde de la pensée pure, nous pouvons contraster avec force ces deux sortes de conduites. Mais dans la réalité de l'histoire, le passage de l'une à l'autre s'effectue par une pente à peu près insensible. Emportés par le tourbillon des grands événements publics auxquels viennent se mêler nos médiocres soucis personnels, nous allons toujours de l'avant, nous vivons, nous mourons, nous ressuscitons dans nos descendants, sans nous rendre bien compte de l'espace parcouru, ni de la distance qui nous sépare du but idéal. Où en sommes-nous, où en sont les générations nouvelles, à quelle étape de cette course vagabonde et pourtant essentiellement logique qui, sans jamais, peut-être, nous conduire au port, nous ouvre constamment des horizons nouveaux de sécurité heureuse?

Voilà une enquête pleine d'intérêt. Mais son sujet est si vaste, si complexe, il touche à tant de sérieux et passionnants problèmes, cent fois posés et jamais résolus, que nous ne saurions songer une seule minute à aborder ici une telle recherche. Il nous suffira d'en indiquer un des principaux éléments.

Nous allons, à cette fin, essayer de serrer de plus

près la question, non plus métaphysique, mais sociale, mais économique et politique, si l'on veut, de la *liberté*, question grave entre toutes et toujours pendante (29).

Laissons de côté les grandes majorités sociales dont la conduite impulsive, remplie d'absurdes préjugés, est notoire. Mais demandons-nous si les minorités qui tantôt croient diriger les masses et tantôt se répandent en lamentations amères au sujet du voisinage « cohibant » des « barbares », si ces soi-disant élites règlent déjà leur vie et leurs actes sur des principes radicalement opposés à ceux qui président à l'action populaire? Il nous semble certain que la responsabilité de ces groupes d'avant-garde eût été terrible si, détenant le secret de la conduite savante et logique, elles eussent continué à le garder par devers soi, sans recourir aux mesures les plus révolutionnaires pour le dévoiler aux yeux de tous. Une attitude à ce point antisociale n'eût pas tardé à soulever le mépris universel.

Heureusement pour les deux classes en présence et pour le bon renom de l'humanité, il n'en est pas tout à fait ainsi. Les cerveaux les plus instruits de notre époque sont encore hantés, à leur insu, par les vieux spectres religieux et métaphysiques.

Ces revenants de l'ignorance ancestrale ont la vie dure. Combien de fois n'a-t-on pas exécuté l'idée divine, par exemple, ou le concept du libre arbitre? La première, l'idée divine, a pourtant refleuri dans l'agnosticisme moderne, et la seconde, l'idée du libre arbitre, est reparue sous la forme de cette vague notion de « liberté », véritable idole métaphysique adulée et encensée par tous les partis, entité verbale dont tous se réclament, que tous portent au pinacle comme la norme suprème d'une conduite digne et féconde en résultats utiles, et dont personne ne sait au juste ce qu'elle signifie, ce qu'elle cache sous ses dehors accueillants et débonnaires. Le prix Nobel n'eût certes pas été de trop pour récompenser l'homme qui aurait solutionné le problème, qui aurait dissipé les malentendus, qui aurait défini sans ambages ce terme nébuleux et équivoque.

Sans briguer cette grasse prébende que les comités scandinaves eussent d'ailleurs été unanimes à me refuser, j'ai pour ma part fait quelques efforts pour y voir clair (*30*). Et voici, brièvement résumées, les principales conclusions auxquelles j'aboutis.

Il ne suffit pas de construire et de commenter le concept moderne de liberté dans un sens stric-

tement déterministe; il faut encore, pour éviter
toute rechute dans l'illusion métaphysique, indiquer et préciser son contenu positif, découvrir
l'essence, dévoiler la nature intime des faits et des
processus sociaux complexes et infiniment variés
que ce terme général connote ou représente. Or,
examinés de près, ces faits et ces processus répon-
dent tous et toujours ' un signalement unique qui
ne manque pas d'une sombre grandeur ; un acte
libre est un acte de force coercitive, de puissance
despotiquement exercée par un individu social ou
une collectivité soit sur la nature extérieure, soit
sur des esprits ou des réunions d'esprits congénères, soit sur soi-même. Ainsi se vérifie à nouveau la loi logique de l'identité des contraires
« surabstraits », des grands concepts génériques
de la raison humaine, loi dont j'ai fait l'une des
bases fondamentales de mon néo-positivisme, de
ma conception moniste du monde.

La *liberté* et le *despotisme* sont sœur et frère :
ennemis tant qu'on voudra, se disputant, se que-
rellant, se sautant sans cesse à la gorge (et se
réconciliant par moments); mais issus de la même
souche, mais vivifiés et nourris par le même sang
généreux coulant dans leurs veines; mais ayant
un air de famille très accusé et toujours aptes, par

suite, à être confondus, à être pris l'un pour
l'autre. Rappelons ici, pour mémoire, les fou-
gueux hosannah entonnés et clamés en l'honneur
de la liberté par les pires réactionnaires, par les
plus misérables despotes; et inversement, les
accès de brutale oppression où vient se déverser,
à un moment donné, avec une exactitude mécanique et inéluctable, le trop-plein des forces liber-
taires. Il est grand temps, sinon de mettre fin, du
moins d'ajouter un nouveau commentaire à la
douce fiction qui nous montre la liberté innocente
des crimes qu'elle n'accomplit pas, qu'on commet
en son nom; car il faudrait, pour rester logique,
innocenter son frère aîné, le despotisme, et blan-
chir d'un seul coup de torchon les malfaiteurs les
plus avérés de l'histoire!

Quelle est donc l'origine, la substance plastique
commune d'où sortent, pour évoluer d'une façon
qui, nécessairement, nous semble opposée, ces
deux forces coercitives d'essence toute pareille?
Cette matière formatrice est exclusivement constituée par les grands modes contemplatifs ou spéculatifs de la pensée sociale, de l'interaction psychologique, modes qui non seulement commandent à
l'acte, mais qui lui donnent naissance, qui le *pro-
créent* au sens strict du terme, en se transmuant

en lui; et en dernière analyse, cette matière est évidemment constituée, à chaque époque de l'histoire, par la somme totale de connaissances que les hommes possèdent ou ne possèdent pas (il s'agit alors d'ignorance relative) à ce moment précis. Nous arrivons de la sorte à cette définition simple et claire, cohérente et topique, de la liberté : c'est un savoir, une connaissance entrée dans une phase ultérieure, dans une phase active d'évolution, et considérée par nous sous ce nouvel aspect.

Un grand savoir se traduira par une grande liberté, et un savoir minime par une liberté restreinte. Chacun — individu, classe et peuple — a ce qu'il mérite, boit à la coupe enchanteresse ou décevante, selon les cas, dans la mesure exacte des connaissances qu'il a faites siennes. Respectivement, le despotisme est un degré de savoir tellement inférieur que nous le taxons d'ignorance. Sa force se fait toujours sentir comme se fait sentir celle — non moins coercitive — de la liberté. Mais elle ne paraîtra un joug injuste — et dans ce sens oppressif ou même intolérable — qu'aux yeux de ceux qui possèdent un savoir plus étendu ou plus profond, c'est-à-dire, en vérité, qu'aux yeux de ceux qui détiennent une

force, une puissance surorganique plus grande.
Ceux-là seuls lèveront le drapeau de la révolte,
ceux-là seuls s'insurgeront contre l'étroitesse et la
mesquinerie des visées et des plans despotiques.
La lutte engagée pourra être longue, ses épisodes
variés, elle sera pacifique ou sanglante, avare ou
prodigue de sacrifices, elle suscitera, dans les
deux camps, des chefs heureux et des martyrs;
— elle n'en finira pas moins par le triomphe du
savoir supérieur sur l'inférieur, soit que les déten-
teurs du premier viennent à capter à leur profit
les forces brutes de la matière vivante ou inerte
et les tournent contre l'adversaire, soit qu'ils
réussissent à ébranler la conviction de celui-ci et
l'amènent peu à peu à modifier ses idées et ses
croyances.

Les nouvelles façons d'être libre et le droit
nouveau qui les consacre remplacent ainsi, de
siècle en siècle et, d'une manière moins frappante,
de génération en génération, les façons anciennes
et le droit traditionnel. Le libérateur du jour
devient fatalement le despote du lendemain. Il se
manifeste tel aux yeux des foules rien qu'en possé-
dant et appliquant le pouvoir coercitif de sa science.
Et il revêt — plus justement sans doute — le
même caractère aux yeux des nouvelles élites qui

no tardent pas à se former et dont le savoir accru
dépasse bientôt le sien. C'est là l'histoire ordinaire des gens arrivés, des classes dominantes, des
nations victorieuses.

Mais dans cette évolution, le *savoir* et la *liberté*
apparaissent toujours comme les deux faces connexes, l'envers et l'endroit, d'un seul et même
fait social. Nous ne nous rendons libres, à l'égard
des êtres et des choses, qu'autant que nous
sommes déjà parvenus à connaître leurs vrais rapports entre eux et avec nous, et les lois immuables
qui les gouvernent. *Le savoir* — et tout ce que
j'en dis se rapporte aussi bien, ne l'oublions pas,
à la *philosophie* et à l'*art* — *est une liberté accumulée et latente; et la liberté est une science, une
philosophie, une esthétique devenues actives et s'exerçant au dehors.*

Je crois avoir déjà dit que la liberté et le despotisme *absolus* sont des concepts illusoires en ce
sens qu'ils s'identifient totalement entre eux.
Seules, les différentes étapes parcourues par la
liberté peuvent nous frapper comme des degrés
différents de savoir, et les diverses étapes du despotisme comme des degrés divers d'ignorance.
Mais il faut reconnaître aussi que la réalité des
faits, la vérité historique ne nous offre pas tou-

jours le spectacle d'une collision, d'un choc entre
un savoir relatif et une ignorance relative, entre
une liberté et un despotisme. Des cas se présentent fréquemment — leur abondance marque et
caractérise la période empirique du développement
de la science, de la philosophie et de l'art — où la
collision a lieu entre deux ignorances à peu près
semblables, c'est-à-dire entre *deux despotismes qui
se valent*. Quand les hommes demeurent incon-
scients d'un tel état de choses, la lutte entre les
deux ignorances ou les deux despotismes s'engage, âpre et violente, comme toutes les guerres
intestines et les discordes domestiques, et elle
amène les conséquences habituelles, l'affaiblissement alternatif ou simultané des deux partis en
présence. Mais lorsque, au contraire, on a pleine
conscience de l'empirisme et de l'incertitude qui
règnent dans une branche du savoir et se réper-
cutent dans l'ordre correspondant d'activité —
comme c'est le cas, aujourd'hui, pour la science
sociale et la politique qui en dépend — il se produit un phénomène anormal, passager, mais très
intéressant.

Notre savoir négatif, notre doute profite d'une
façon régulière et à peu près égale aux solutions
les plus diverses, sinon même opposées. Nous ne

voulons pas courir le risque de nous tromper lour-
dement. Nous prenons une attitude *expectante*,
nous restons plutôt *neutres* et inactifs. « Laissez
faire, laissez passer » devient à nos yeux la formule souveraine et magique. Nous ne sommes que
tolérants, et nous nous imaginons être *libres!* Or,
si la tolérance nous semble une chose admirable,
c'est que, comme le doute auquel elle sert d'expression active ou pratique, elle est une excellente
méthode de recherche, le chemin le plus court et
le plus sûr qui conduit à la découverte de la
vérité, à la possession de la *puissance effective* que
nous appelons tantôt savoir et tantôt liberté. Mais
il ne faut pas confondre le moyen avec le but, ni
l'*attitude tolérante* avec l'*attitude libre*. C'est ce
grave illogisme que beaucoup d'esprits contemporains commettent à leur insu en façonnant ou
modelant, pour ainsi dire, leur concept général
de liberté sur la situation temporaire et exceptionnelle dans laquelle se trouvent aujourd'hui le
savoir social et ses applications techniques. Pratiquement, ces hommes bienveillants et modestes
pourront avoir raison pendant quelque temps et
jusqu'à nouvel ordre; et leurs prêches nous con-
seillant l'abstention et la tolérance sans bornes
pourront être utiles. Mais en théorie, ces hommes

ont tort dès l'origine, *ab initio*. Et plus tard,
lorsque, la sociologie ayant fait quelques progrès
importants, les inéluctables nécessités de l'action
pratique les forceront de renier leur thèse favo-
rite, d'abjurer le dogme essentiellement métaphysique de la liberté absolue et contradictoire, eux-
mêmes ou leurs successeurs ne le sentiront que
trop bien.

Les faits qui tout récemment agitèrent — non
sans fruit — l'opinion en France et, par contre-
coup, un peu partout en Europe, sont destinés, je
crois, à se reproduire avec une fréquence croissante. La question de l'enseignement confes-
sionnel n'est pas seule en jeu. Maints problèmes
moraux, économiques et politiques mûrissent dans
l'ombre, qui semblent déjà prêts à recevoir une
solution analogue, sinon beaucoup plus radicale.
Les âmes placides du libéralisme doctrinaire en
ressentiront sans doute un nouveau et cuisant
chagrin; mais il faut bien, après tout, que l'humanité avance, que le savoir progresse, qu'il devienne
de plus en plus, en matière sociale, ce qu'il est
déjà depuis longtemps en matière physique, ce
qu'il est depuis un siècle en matière chimique et
biologique : un pouvoir non seulement respectable,
mais toujours *respecté (31)*.

Il faut — ai-je dit tout à l'heure — que l'humanité avance. Or sa marche, on le sait, est lente; elle est, en outre, tortueuse, pleine de circuits, de retours en arrière, d'arrêts qui souvent s'expliquent mal ou restent incompréhensibles. Cela est vrai de toutes façons et j'en ai pu faire, dans le cas qui nous occupe, l'expérience sur moi-même. En effet, exposant une doctrine que je ne serai sans doute pas le seul à considérer comme comparativement inédite, et cherchant, ainsi qu'il convient, ses germes obscurs dans les théories sur le même sujet de mes contemporains ou de mes prédécesseurs immédiats, n'ai-je pas été amené, au contraire, par le hasard des lectures, à saluer, comme mon précurseur lointain mais direct, un écrivain complètement oublié de · la première moitié du xvii° siècle, Coménius, qui donne, en deux courtes phrases, de la puissance du savoir et, par suite, de la liberté elle-même, la plus superbe et drastique description qui se puisse faire : « Que sont les riches sans science, s'écrie-t-il, sinon des porcs engraissés avec du son? Que sont les pauvres auxquels manque la connaissance des choses, sinon des ânes chargés de fardeaux (32)? »

Concluons. Il faut que les idées métaphysiques

sur l'essence de la liberté reculent et disparaissent. Ces notions sont dignes, tout au plus, de la première phase évolutive de la conduite humaine, période où celle-ci demeure ignorante, empirique, impulsive, contradictoire. Il faut qu'une conception scientifique et positive des faits que recouvre le terme de « liberté », et aussi bien celui de « tolérance », se généralise, qu'elle sorte des cercles ésotériques, qu'elle se répande en de larges milieux sociaux. Un pas appréciable sera accompli alors vers le règne de la conduite experte, déterminée, logique, gouvernée par la science pure, soutenue par la certitude rationnelle, inspirée et embellie par les nobles joies de l'art.

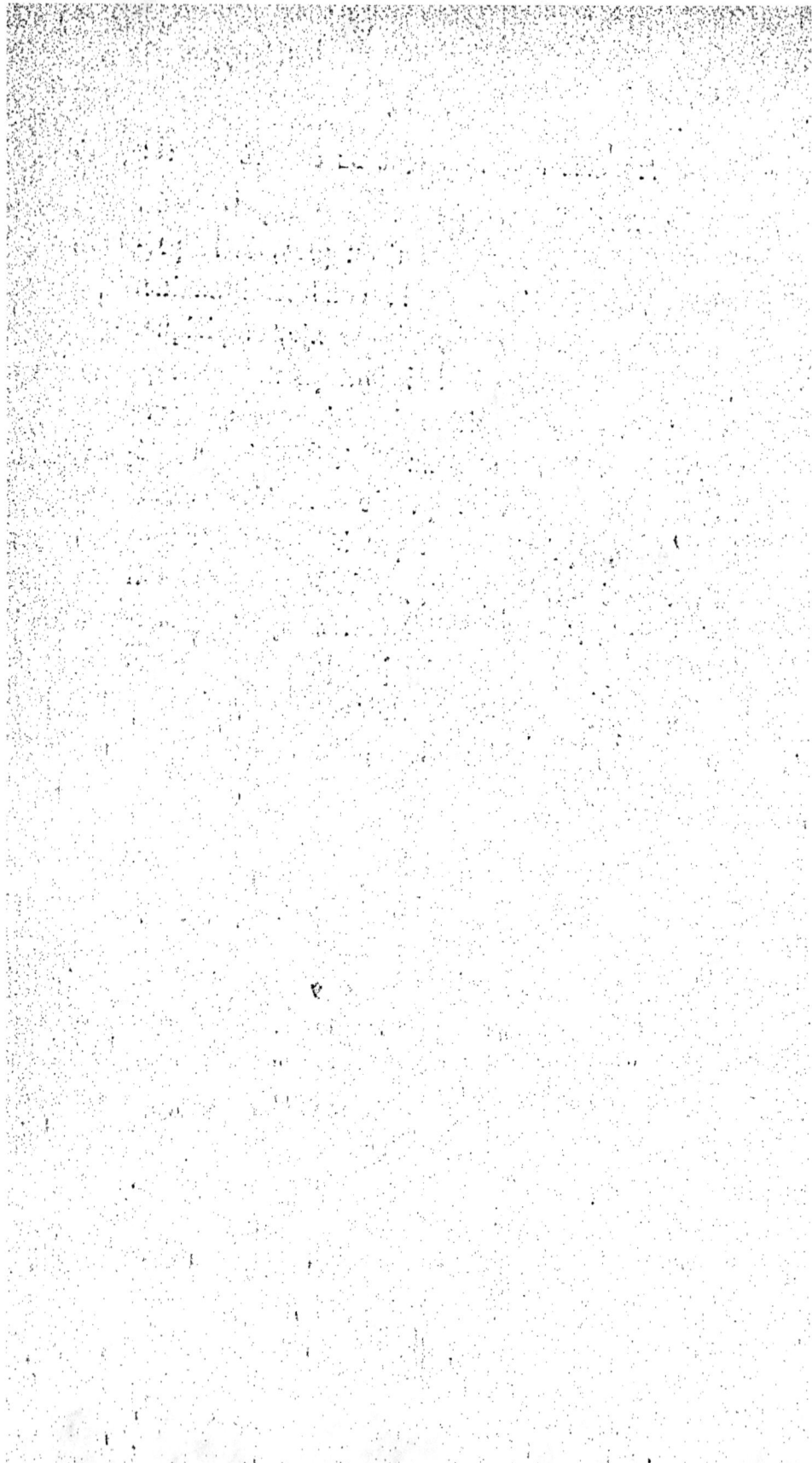

LIVRE TROISIÈME

LES
PRODROMES D'UN ORDRE MORAL
NOUVEAU
(ÉTABLI SUR LA BASE DES LOIS SOCIOLOGIQUES)

CHAPITRE PREMIER

La totalisation différentielle du savoir et ses conséquences.

Premiers résultats des efforts visant à faire cesser la confusion entre les produits de la pensée analytique et hypothétique et ceux de la pensée synthétique et apodictique. — La formule de Spencer et la loi de causalité. — Deux grands faits historiques. — L'empirisme initial. — L'apriorisme. — La théorie positiviste. — Une définition des théologies et des métaphysiques. — La philosophie et l'art. — Empiétements de la technique (de l'adaptation finaliste des moyens aux buts) sur la recherche causale. — Le pouvoir temporel et le pouvoir spirituel. —

Une singulière méprise d'Auguste Comte. — Le règne de l'Opinion. — Différenciation progressive (spécialisation, *constitution*) de la sociologie et de la philosophie.

Une seule vaste et majestueuse évolution remplit l'histoire. Elle forme le principal objet d'étude du sociologue. L'analyse abstraite du savant s'applique à décomposer ce flot tumultueux, cette houle grandiose en quatre phases ou « moments » distincts qui correspondent à autant de modes essentiels de l'interaction psychique, à autant d'aspects fondamentaux de la pensée sociale. La science particulière s'occupe ensuite de découvrir les rapports constants qui lient ces termes sériels entre eux. Elle constate que ces rapports sont de deux sortes : les uns appartiennent à l'ordre causal, les autres à l'ordre téléologique. Elle observe et scrute les deux espèces. Elle s'aperçoit que les rapports de finalité constituent une simple inversion des rapports de causalité. Elle s'arrête de préférence — et on ne saurait l'en blâmer — à ceux-ci. Elle nous montre dans chaque terme antécédent de la série évolutive la *cause* ou la condition inéluctable du terme qui suit, et dans chaque terme subséquent l'*effet* ou le résultat nécessaire du terme qui précède (*33*).

Or, quand il affirme que, considérée dans ses

phases essentielles ou sous ses aspects primor-
diaux, l'évolution sociale manifeste la loi universelle de causalité, le sociologue nous signifie deux
choses.

En premier lieu, il suppose que le début de
l'évolution est nécessairement plus confus, moins
différencié que son cours ultérieur. L'effet étant
primitivement contenu dans sa cause, il faut, pour
qu'il puisse s'observer du dehors, pour qu'il nous
frappe comme un effet et surtout pour qu'il développe à son tour ses conséquences, qu'un certain
laps de temps s'écoule. Il régnera donc à l'aube
de toute culture une indistinction réelle entre les
grandes modalités de la pensée sociale, les divers
ordres d'efforts civilisateurs.

En second lieu, le sociologue prétend qu'il est
dans la nature de l'évolution qui ne s'arrête pas,
qui rayonne et se déploie librement (ou selon le
pouvoir de la connaissance acquise), de rendre
chacun des termes qui la composent de plus en
plus distinct des autres, de conquérir pour chacun
l'indépendance, le degré d'autonomie compatible
avec la continuité du lien causal.

Il ne s'agit pas seulement de la séparation élémentaire entre l'antécédent et le conséquent.
L'effet qui dure revêt à nos yeux, à la longue,

une réalité distincte de celle de sa cause. Et
lorsque — le cas n'est pas rare — certains phénomènes se perpétuent malgré les nombreux changements subis par les conditions qui présidèrent à leur
naissance, nous ne pouvons que céder au besoin
d'analyse qui nous presse, nous ne résistons pas à
la tentation qui nous incite à tracer, entre de tels
phénomènes et leurs anciennes causes déjà modifiées et productrices d'effets nouveaux, des lignes
démarcatives plus ou moins profondes. C'est ainsi,
par exemple, que les religions positives qui vivent
et florissent en dépit des progrès considérables
accomplis par le savoir ayant d'abord contribué
à les former et ayant fait surgir plus tard de nouvelles conceptions du monde, que ces religions,
dis-je, cette science et ces philosophies nous
frappent comme trois ordres radicalement distincts
de phénomènes. Et nous avons toute raison de
penser de la sorte — hâtons-nous de le dire — tant
que nous omettons de rattacher les phénomènes
religieux à la somme exacte de connaissances qui
détermina leur prime apparition, au vieux savoir
qui nous semble aboli, disparu et qui néanmoins
subsiste tel quel, à peu de chose près, en d'innombrables cerveaux. Une cause modifiée est toujours
une cause nouvelle; et il serait vain de vouloir

faire servir sa phase récente à l'explication d'un
effet dû à un tout autre stade de développement.

Quoi qu'il en soit, c'est la persistance des effets
ou la façon dont les causes nouvelles masquent à
nos regards l'indéfectibilité des causes anciennes,
qui donne ostensiblement lieu à la longue suite de
phénomènes si souvent décrits sous les noms de
différenciation, de *spécialisation*, de *division du travail*. La fameuse formule de Spencer, — l'intégration qui fait passer la matière et le mouvement
non dissipé d'une homogénéité indéfinie et incohérente à une hétérogénéité définie et cohérente —
n'est, en somme, que la pure paraphrase, la traduction, en termes d'ailleurs fort congrus, de la
grande loi de causalité. Et le caractère universel
qui appartient à celle-là ne fait évidemment que
rééditer l'universalité de celle-ci.

A notre gré donc, la loi de causalité suffit à produire ces deux faits notoires et notables : 1° la confusion ou ce que Spencer eût appelé l'homogénéité
incohérente des divers modes de la pensée sociale,
l'absence de frontières fixes entre la science, la
philosophie, l'art et l'action, qui forme la sûre
caractéristique des sociétés en bas âge, des civilisations fraîchement écloses; et 2° la différenciation
progressive des mêmes termes, la spécialisation dé

plus en plus accusée, la division de plus en plus
nette des travaux entre savants, philosophes,
artistes et praticiens, ou encore l'hétérogénéité
croissante des aspects essentiels de l'évolution
sociale au fur et à mesure que cette dernière se
prolonge, qu'elle s'élargit, qu'elle gagne en pro-
fondeur.

L'empirisme où s'enliza si longtemps le savoir
des hommes s'étendait à toutes les sphères de l'interaction psychologique; il pénétrait dans la philosophie, dans l'art, dans la conduite, qui pendant
des siècles restèrent imprégnés du même esprit
de traditionalisme intransigeant et de routine
aveugle. Mais cette homogénéité générale s'accen-
tuait et se précisait surtout dans les rapports
mutuels des études et des branches d'activité
immédiatement voisines. Elle rendait ici toute
véritable spécialisation impossible, toute division
du travail illusoire. La science commençante
demeurait largement hospitalière aux idées, aux
visions creuses de l'empirisme religieux et de
l'empirisme philosophique (plus connu sous le
nom d'*apriorisme*). Elle passa réellement par l'état
théologique et l'état métaphysique, ainsi que l'a si
bien observé Auguste Comte. Mais Comte n'a pas
vu que la philosophie était logée à la même

enseigne; qu'elle empruntait au savoir particulier
ses principales méthodes; qu'elle se complaisait à
la fois aux analyses minutieuses et aux hypothèses
hardies; qu'enfin elle s'emparait, pour les cultiver
à sa guise et les soustraire à la curiosité indiscrète
des spécialistes, de tous les domaines scientifiques
sur lesquels elle pouvait raisonnablement mettre
la main. Il n'a pas vu que, insatisfaite d'avoir
envahi la science, la philosophie cherchait, d'autre
part, non pas tant à soumettre à son empire le
domaine esthétique — ce qui rentrait dans sa
fonction normale — qu'à transporter sur son
propre terrain les principales méthodes et les
procédés essentiels de l'artiste, qu'à devenir elle-
même un art constructif, une sorte de vaste
architectonique de concepts.

Cette confusion prolongée — elle persiste de nos
jours — de la pensée synthétique et apodictique
avec la pensée syncrétique et symbolique vaut la
peine d'être relevée. Elle caractérise d'une manière
sûre aussi bien les religions positives que les
systèmes plus abstrus qui leur succédèrent. On
pourrait presque en tirer une définition des théologies et des métaphysiques. Les unes et les autres
recourent au même procédé. Ayant affaire à des
concepts fort généraux, à des abstractions d'un

haut degré de puissance, elles ne se contentent pas
de leur attribuer la valeur de concepts universels, elles cherchent en outre à individualiser, à
réaliser syncrétiquement ces vastes notions, pour
les transformer ensuite en symboles vivants capables de stimuler l'activité pratique des hommes ou
de servir de règles à leur conduite. C'est ainsi, par
exemple, que le concept négatif du non-univers
qui, selon la loi logique des genres surabstraits,
affirme l' « existence universelle », devient entre
les mains de ces esthètes de l'espèce « trans-
cendante », non seulement l'idée divine, mais
encore, selon les circonstances, la *personne* de Dieu
ou l'*entité* suprême qui préside aux destinées du
monde. La plupart des dogmes religieux et des
habiles inventions de l'esprit métaphysique revêtent et portent ce caractère anthropoforme et réaliste qui en fait autant de créations personnelles,
autant de choses — et quelquefois de babioles —
d'art (*34*).

La confusion qui régnait parmi les modes spéculatifs de la pensée sociale trouva, j'ai à peine
besoin de le faire remarquer, un écho puissant
dans la sphère des idées pratiques, de la conduite
individuelle et collective. Ici, nous voyons se produire toutes les formes possibles d'empiétement de

la technique sur la théorie, de l'adaptation finaliste
des moyens aux buts sur la recherche causale. La
mémoire des faits, l'érudition se prélasse au premier rang, le culte domine la religion, les arts
utiles disputent le pas aux beaux-arts, la politique
prévaut sur la morale. On constate, en somme, un
phénomène important que Comte fut peut-être le
premier à signaler, mais qu'il a, je pense, compris
d'une façon trop étroite et auquel il donna une
interprétation fausse. Je veux parler des rapports
entre le « pouvoir temporel » et le « pouvoir spirituel ».

Ces rapports ont évolué dans le sens de la loi
commune qui gouverne tous les faits sociaux. Et
certes, la confusion essentielle et constante des
deux pouvoirs fut beaucoup moins la marque
des temps nouveaux — de ceux que Comte appelle
avec dédain métaphysiques ou critiques — que le
signe des époques de foi aveugle et d'empirisme
inconscient, tel ce Moyen âge tant vanté par le
fondateur de la philosophie positive. Les temps
dits critiques ne s'employèrent-ils pas les premiers
à démailloter l'Opinion, à lui apprendre à se tenir
debout, à marcher sans l'aide étrangère? Ne dres-
sèrent-ils pas fièrement cette force toute moderne
en face de l'action « barbare », préparant par de

11

nombreux et mémorables conflits l'ultime et pleine
séparation du pouvoir consultatif et directeur d'avec
le pouvoir exécutif et dirigé?

La « différenciation » que Comte place déjà au
beau milieu du Moyen âge et qu'il fait ensuite
disparaître comme par enchantement, ne se réalisa
jamais dans l'histoire.

Le Pape et l'Empereur ne disputent pas une
puissance de nature différente. Voir dans le premier le représentant de la pensée philosophique
(religieuse à cette époque) est une naïveté aussi
manifeste que celle qui consisterait à faire du
second le protagoniste de la science sociale ou
morale de la même période. L'un fut le symbole
vivant, le chef, le premier serviteur du culte, de
la religion appliquée, de l'action ou de la conduite
théologique, comme l'autre — le symbole vivant,
le chef, le premier serviteur de la politique au
sens restreint du mot, du savoir social appliqué,
de l'action ou de la conduite économique, admi-
nistrative, judiciaire, etc. La vive compétition qui
à un moment donné éclata entre eux ne sortit
jamais de la sphère de l'activité pratique — tel le
combat engagé aujourd'hui entre le salariat et le
patronat; elle se cantonna même de préférence
dans les bas-fonds de la politique, soit cléricale,

soit laïque, et la longue lutte eut pour objectif
direct le seul pouvoir temporel.

Il nous reste à dire quelques mots du processus
différentiel qui, se poursuivant à travers l'histoire
du monde, se laisse également constater, à son
heure, dans ces agrégats complexes, les sociétés
humaines. Celles-ci subissent avec le temps de
profondes altérations. Les aspects fondamentaux
de la pensée sociale, les modes essentiels de l'interaction psychologique évoluent de l'état amorphe à
l'état déterminé, de l'incohérence primitive à l'ar-
rangement systématique, de l'indivision empirique
à la spécialisation rationnelle.

Dans ce grand mouvement coordonnateur de
toutes les forces vives de l'esprit, c'est la connaissance particulière, le premier germe dont s'ense-
mença le champ social de la pensée, qui ouvre la
marche. La confusion des recherches, des analyses
et des jugements problématiques du savant avec les
spéculations, les synthèses et les jugements apodictiques ou assertoriques du philosophe — qui ne
s'offrait pas comme une condition *statique* de l'esprit humain — ne pouvait durer toujours. Elle se
dissipa très lentement, en vérité. Il se passa des
siècles, et il en coûta un labeur énorme, avant
que le divorce des principales branches de nos

connaissances avec la théologie d'abord, avec la
métaphysique ensuite, devint un fait accompli.

L' « exode scientifique » — le relâchement, puis
la rupture des liens qui unissaient les disciplines
particulières à la philosophie — constitue sous
maints rapports le fait le plus important de l'histoire. Ce phénomène modifie profondément la mentalité des époques auxquelles il se manifeste, il agit
sur les causes efficientes des événements sociaux,
il se répercute au loin, dans les effets directs ou
indirects de telles causes; il marque, en un mot,
les grandes étapes de ce qu'on nomme le progrès.

Mais tout processus différentiel est bilatéral par
essence, par définition. Une chose ne se peut
séparer d'une autre qu'à la condition expresse que
celle-ci ne lui demeure point attachée. Il est donc
certain que chaque fois qu'une science abandonne
le giron philosophique, conquiert son autonomie,
construit et vérifie *proprio motu* ses hypothèses, il
est clair, dis-je, que la philosophie se débarrasse
dans la même mesure des mille entraves dont
l'accablait l'urgence de pourvoir aux besognes
scientifiques, aux enquêtes particulières, morales,
psychologiques, biologiques, etc. Elle prend à son
tour un essor plus libre, elle se voue plus large-

ment à sa tâche supérieure de sagesse, elle devient
de plus en plus ce « phare lumineux » qui éclaire
les grandes routes et jusqu'aux chemins de traverse
où se déploient les puissances esthétiques et les
forces actives de l'humanité.

CHAPITRE II

La déchéance des religions
et des métaphysiques.

Le savoir fossile et les synthèses philosophiques qui le
représentent. — L'antilogie : science et conscience. —
Agonie lente de la foi théologique et de l'apriorisme
métaphysique. — La crise traversée par la mentalité
moderne. — L'autonomie de la connaissance morale. —
L'agnosticisme et le pessimisme. — La notion métaphysique d'un progrès infini. — Les désharmonies de l'ordre
organique ou vital. — Les désharmonies de l'ordre
surorganique ou moral. — Un cercle vicieux.

Assurément, les réalités de l'histoire nous mon-
trent bon nombre de synthèses philosophiques
demeurées stationnaires, restées attachées au
savoir de qualité inférieure (et, dans l'espèce,
grossièrement empirique ou, ce qui revient au
même, subtilement apriorique) qui leur avait
donné le jour. Toutes les religions qui conservent
encore des fidèles et certains systèmes métaphysi-

ques exemplifient ce cas. Mais ce phénomène de survivance ne surprendra personne, et il n'a vraiment rien de commun avec l'évolution différentielle qui nous occupe. De telles philosophies, pour réactionnaires et malfaisantes qu'elles deviennent à l'occasion, offrent l'étrange — et à certains égards réconfortant — spectacle d'organismes où la vie coule encore et circule, mais qui sont accouplés à un cadavre. Le savoir du passé, que la raison moderne convainc d'être un tissu d'observations inexactes, d'hypothèses gratuites, d'explications fausses, ne saurait ressusciter. Cette science archaïque ne donne plus lieu à des recherches, à des doutes, à des discussions; elle ne pose point, elle ne résout pas de problèmes.

Les théologies et les métaphysiques qui synthétisèrent un tel savoir l'envisagent elles-mêmes comme un *caput mortuum*; mais elles évitent en même temps, à l'égal d'un danger sérieux, la moindre incursion sur le terrain de la science nouvelle et vivante. Quelle différence avec l'agitation joyeuse et le persévérant labeur où les théologies et les vieilles métaphysiques se complurent autrefois! Elles se mêlaient des problèmes les plus spéciaux soulevés par le savoir de leur époque; elles étaient compétentes sur toutes les questions,

elles regardaient le monde et ses phénomènes
curieusement, sous toutes leurs faces, et elles
donnaient ou refusaient à chaque vérité, à chaque
opinion, à chaque événement, l'estampille sacrée
ou l'investiture philosophique.

De nos jours, même dans les pays de culture
moyenne, les choses, comme on sait, ont pris une
tournure différente. On invoque de tous côtés la
tolérance, on quête des bribes de respect pour les
convictions religieuses et métaphysiques sous le
prétexte terriblement futile « qu'elles sont *en
dehors* de la science, qu'elles appartiennent à la
personnalité humaine ». Pour les besoins d'une
cause irrémédiablement perdue, on recourt à l'antilogie ridicule de la science et de la conscience.
On oublie, ainsi que j'en ai fait la remarque dans
mon essai sur *Le Bien et le Mal*, que « nulle pensée,
nulle croyance, nul acte de foi ne peut sortir du
domaine de l'observation et de l'expérience, ne
peut échapper aux règles de la logique, à la
démonstration, à la réfutation »; en sorte que
parler d' « une conscience dont les replis intimes
ne s'éclaireraient jamais de quelques rayons de
savoir », c'est proprement définir « l'Inconscient,
celui des bêtes comme celui des philosophes ».

Mais en être arrivé là après avoir dominé et

régenté le monde, ce n'est plus vivre, c'est se
préparer lentement à mourir. Telle est la situation exacte dans laquelle se trouvent aujour-
d'hui la foi religieuse et l'apriorisme métaphysique en face de l'autonome savoir moderne et de
la nouvelle philosophie qui s'élabore dans les cerveaux contemporains. Conclusion qui s'impose
avec une force croissante depuis un siècle environ
et, pour préciser, depuis que la biologie s'éleva définitivement au rang de science constituée, depuis
que la sociologie est hardiment entrée dans la
même voie, depuis que la psychologie et la théorie
du savoir cherchent à s'édifier sur la double base
des sciences de la vie et des sciences sociales.

La constitution de la sociologie étend le cercle
de nos connaissances positives jusqu'à ses limites
extrêmes. Elle soumet l'étude des phénomènes
surorganiques aux méthodes de la science exacte
qui prend ainsi pour toujours possession de l'immense monde moral des groupes et des individus
sociaux. Réalisée, cette grande conquête du savoir
supprimera le dernier obstacle qui empêche la
spécialisation des idées et des études philosophiques, leur différenciation dans le sens de Spencer,
leur passage de l'état de « segmentation hétérogène » à l'état « d'intégration homogène ». Ou

plutôt elle permettra à cette différenciation, déjà latente dans les esprits, de s'actualiser, de se manifester au dehors, par des faits concrets et tangibles. Pour ma part, j'aperçois dans ces nouvelles tendances tous les éléments d'une formidable révolution mentale, d'un bouleversement de fond en comble de nos façons accoutumées de penser, de sentir et d'agir.

L'humanité actuelle traverse une crise grave. L'agonie prolongée des anciennes croyances religieuses et des vieux dogmes métaphysiques, le vide apparent des philosophies récentes, les injustifiables retards apportés à l'émancipation intellectuelle et morale des masses, bien d'autres causes encore créent un sentiment universel d'appréhension et d'insécurité, qui tantôt se calme et s'apaise, et tantôt s'exacerbe et semble prêt à se traduire par des gestes d'âpre colère.

Selon nous, cette situation se dénouera — dans un avenir que nous n'osons augurer trop prochain — par l'établissement d'un nouveau *modus vivendi*, beaucoup plus stable que l'ancien, entre les résultats de la pensée analytique et hypothétique et les produits de la pensée synthétique et apodictique. Évolution qui sera nécessairement suivie par un changement analogue dans les

rapports qui se laissent constater entre les abstractions philosophiques et les créations esthétiques,
et dans ceux qui se découvrent entre les événements, les mœurs, les institutions, et les idées, les
connaissances, les convictions, les goûts dominants
d'une époque.

Une chose néanmoins paraît certaine dès à présent : et c'est la rupture complète, sans retour
possible, qui s'est peu à peu effectuée entre le
savoir moral — ce noyau des sciences du monde
surorganique, cette sociologie élémentaire — et
toutes les formes de la philosophie. Rupture qui
équivaut au renversement de l'antique rapport
entre le concept particulier et le concept universel. Car elle signifie que la connaissance morale
cesse d'être l'écolière docile à toutes les sugges-
tions, l'humble servante du dogme religieux ou
métaphysique; qu'elle réclame ouvertement la
qualité de science fondamentale et autonome;
qu'elle entend à son tour devenir le point de
départ, la « matière première » des spéculations
du philosophe. Cette dislocation suivie d'inversion
permet pour la première fois à l'esprit humain de
sonder le fond et de reconnaître le vide des tentatives philosophiques qui avaient pour but la découverte ou la démonstration des vérités d'ordre spé-

cial. Et elle lui permet en outre de se bien rendre compte du jeu intime des causes qui produisirent et consolidèrent les deux grands maux dont l'humanité a si longtemps souffert, les deux illusions capitales contre lesquelles se dresse aujourd'hui l'effort combiné du savoir sociologique et de la connaissance psychologique.

Je veux parler de l'*agnosticisme* et du *pessimisme* dont l'origine commune remonte à la confusion initiale et inévitable des divers modes de l'interaction surorganique. Il s'agit, en somme, d'une tare de l'esprit, d'une corruption unique qui revêt deux formes différentes, selon que nous l'observons dans la science et la philosophie, ou dans ce domaine intermédiaire, l'art, et ce domaine terminal, la conduite. Dans le premier cas, c'est le « pessimisme de la connaissance » qui détermine chez le penseur le retour plus ou moins masqué à la religiosité, à la nescience primitive (agnosticisme); et dans le second, c'est le pessimisme au sens habituel du mot, la stimulation esthétique retardée, comprimée, ou la mentalité active affaissée, épuisée et qui, cédant aux sollicitations de sa propre paresse ou encore à celles du besoin d'un repos réparateur, cherche à refluer vers ses sources organiques.

Notons au passage l'habileté avec laquelle notre ignorance sociologique et psychologique se servit de la cause même ou de l'agent qui devait la faire disparaître — du progrès de nos connaissances — pour fortifier et répandre les deux erreurs connexes de l'agnosticisme et du pessimisme. En effet, s'appuyant sur la notion métaphysique d'un « progrès infini », il fut facile de se persuader qu'un savoir capable de s'accroître et qu'une raison capable de se perfectionner, sans que de tels changements en plus et en mieux pussent jamais prendre fin, devaient être, l'un, une quantité toujours infinitésimale, et l'autre, un instrument de recherche éternellement imparfait. La thèse de la faiblesse native ou organique de l'esprit humain s'érigea de la sorte en dogme logiquement démontrable. Et il ne resta plus à l'agnosticisme qu'à tirer de cette vue toutes les conséquences pessimistes qu'elle comporte.

Nous aurons, dans un volume prochain (*La Morale, l'Art et la Conduite humaine*), l'occasion d'étudier avec plus de rigueur ces états d'âme voisins, sinon identiques — plutôt que ces doctrines, — l'agnosticisme et le pessimisme où s'expriment et se reflètent l'impuissance et quelquefois le néant de notre savoir passé et même actuel non seulement en sociologie et en psychologie, mais encore en biologie. Car, ainsi que le démontre d'une façon magistrale, dans un livre récent, Metchnikoff, tout pessimisme religieux ou philosophique tire sa première origine de la conscience que les hommes prennent des profondes et cruelles « désharmonies » de leur nature organique ; sentiment dépressif que rien ne balance et n'atténue, qui, au contraire, s'avive et se renforce sous l'aiguillon de la croyance générale à l'inutilité de toute lutte contre ces causes accumulées de déchéance et de ruine. A ces désharmonies fondamentales, mais appartenant à l'ordre organique, viennent sans doute s'ajouter d'autres désharmonies non moins essentielles, mais relevant déjà de l'ordre surorganique ou social. L'humanité en prend également conscience, et la plaie pessimiste s'étend et se creuse toujours davantage. L'injustice, l'inégalité entre les hommes, la misère, etc., arrivent à être regardées comme des maux inéluctables, comme des conditions fatales de l'existence collective. Et il s'en faut de peu qu'on n'y découvre les bases les plus réelles de toute société (*35*).

Ni les désharmonies d'origine vitale, ni les désharmonies de nature sociale ne furent jamais étudiées d'une façon sérieuse et purement scientifique. Placées en face de tels problèmes, les religions et les métaphysiques leur opposèrent, comme fin de non-recevoir, leurs idées essentiellement pessimistes sur la faiblesse originelle de la raison et les limites étroites du savoir humain. C'était là, de toute évidence, un cercle vicieux dont on ne pouvait sortir qu'en dénonçant la criante pétition de principe qui servit à le former, c'est-à-dire en brisant la vieille idole de l'Inconnaissable. De nos jours, quelques pas très sûrs ont déjà été faits dans cette voie.

Au fur et à mesure que se dissipera notre ignorance sociologique et psychologique, on reconnaîtra volontiers qu'elle avait enfanté une foule de mensonges, qu'elle avait produit une longue file d'aberrations générales et particulières qu'on prenait pour autant de vérités axiomatiques et dont on ne cesse encore aujourd'hui de nous vanter la haute valeur. Sans vouloir passer en revue tous ces paralogismes — ce qui nous entraînerait trop loin (*36*), — nous nous permettrons d'indiquer à titre d'exemple, dans les chapitres suivants, deux classes de thèses abusives dont l'étroite connexion avec la crise traversée actuellement par les sciences du monde surorganique et la philosophie ne semble pas douteuse.

CHAPITRE III

Les fausses théories de la connaissance.

Caractère unilatéral (biologique) des théories modernes
de la connaissance. — Le « phénoménisme » et l'illusion déformatrice de l'être nouménal. — Une erreur
topique de jugement. — La classification des sciences
d'Auguste Comte. — La distinction illogique entre le
savoir formel et le savoir matériel. — Sciences « normatives » et sciences « explicatives ». — Le quadruple contenu de la science, de la philosophie, de l'art et de l'action. — Différenciation méthodologique. — Les nécessités extrahumaines et les volontés humaines.

La connaissance étant un phénomène d'ordre
concret, dû à l'intime combinaison de certaines
propriétés psychophysiques avec certaines propriétés sociales, sa « théorie » ne pouvait prétendre
devancer la constitution de la biologie et celle de la
sociologie. Or, de nos jours, la première discipline
mérite seule le nom de science déjà sortie de la
période infantile. Aussi, et même en laissant de

côté, les vues empiriques plus anciennes et totalement erronées, il faut reconnaître que c'est l'élément biologique qui prédomine encore dans nos
modernes théories du savoir. On ramène d'une
façon régulière le fait complexe de la connaissance
à la sensation, à l'acte discriminatif organique, on
oublie, on perd totalement de vue son autre
racine. On tombe dans l'erreur du géologue qui
aurait cherché à expliquer la structure du globe
terrestre à l'aide des lois de la pesanteur, sans
faire intervenir le reste des forces physiques et les
propriétés chimiques de la matière.

Nos théories du savoir les plus en vogue s'expo-
sent au même reproche. Toutes, sous prétexte de
« phénoménisme », concluent à l'impossibilité de
pénétrer au cœur des choses; toutes prêchent
l'étrange doctrine qui attribue à nos organes per-
ceptifs la fonction essentielle de *déformer* les réalités mondiales, toutes enfin proclament que la
plus exacte de nos connaissances n'est, en fin de
compte, qu'une « hallucination » moins éloignée
que les autres de la vérité sans voiles.

Dans l'impuissance où nous sommes de réduire
le savoir à ses divers éléments constitutifs, nous
sentons par moments d'une façon aiguë le vide des
efforts dirigés vers cette fin. Mais pourquoi, au lieu

12

de confesser honnêtement et sans détours notre
ignorance actuelle, lâcher la bride à notre fantaisie
et nous lancer dans une longue suite d'explications
dont le moindre tort est d'être profondément illogiques? Pourquoi commettre la faute banale qui
consiste à substituer, dans le même raisonnement,
le terme plus strict au terme plus large? Car c'est
ainsi que procèdent les théories qui aboutissent à
nous montrer dans toute connaissance une vue
nécessairement incomplète ou chimérique de
l'être.

En effet si, d'une part, les protagonistes de
« l'éternel mensonge » avouent ne pas être en
mesure d'expliquer comment se forme ce produit
complexe, la connaissance, que la raison vulgaire
assimile une fois pour toutes au monde des
réalités visibles et tangibles, de l'autre, ils ne
cessent de réduire le savoir à son seul aspect biologique. Confrontant ensuite le composant et le produit, la cause partielle et l'effet total, ils remar-
quent et notent avec justice que ce dernier diffère
sensiblement de la première. Mais au lieu de se
borner au simple constat de cette vérité évidente,
au lieu de nous montrer l'acte de connaissance
régi à son tour par les normes générales qui gouvernent les phénomènes naturels les mieux connus,

les faits quantitatifs, les faits mécaniques, les faits
chimiques, etc. (dans lesquels le produit commun
de plusieurs facteurs peut toujours être représenté
comme une altération plus ou moins profonde de
l'un d'eux), — ils substituent, ainsi que je viens
de le dire, la fraction connue au tout inconnu et
nous annoncent avec une auguste condescendance
— propre à frapper les âmes simples — que nous
ne savons et ne saurons jamais rien ni de la réalité
qui nous entoure (et dont nous nous séparons par
voie syllogistique), ni de la réalité que nous
sommes nous-mêmes.

Les théories régnantes sur la connaissance apparaissent dépourvues du fondement solide que pourront leur donner par la suite les progrès du savoir
sociologique. Aussi abondent-elles en finesses
puériles, en distinctions arbitraires, en points
de vue illusoires. L'excellente classification des
sciences à laquelle Auguste Comte attacha son
nom, est manifestement beaucoup plus l'œuvre de
l'historien, du sociologue, que celle du philosophe.
Elle s'offre pourtant comme le seul résultat positif
acquis jusqu'à présent dans ce domaine si mal
exploré; résultat que les penseurs qui aiment à
s'intituler « théoriciens du savoir », passent d'habitude sous silence ou dédaignent. A la belle cons-

truction de Comte ces écrivains préfèrent les
oiseuses, les archaïques dissertations sur les
limites qui séparent les connaissances dites *formelles* des connaissances dites *matérielles* (ou les
sciences « normatives » des sciences « explicatives »). Il est difficile d'imaginer un contraste plus
grand que celui présenté par la saine et forte
nourriture de Comte et la viande creuse — comme
eût dit Bacon — encore servie, tel un plat de résistance, sur les tables les plus luxueuses de la
sagesse contemporaine.

Les sciences formelles où se rangent les mathématiques, la logique et la théorie de la connaissance, possèdent, assure-t-on, un caractère de
certitude qui n'appartient pas aux sciences matérielles. Les premières, traitant de la seule « forme »
soit des choses en général, soit de l'esprit en particulier, se remplissent de propositions offrant un
caractère de nécessité absolue, tandis que les
secondes, qui explorent le « contenu » des choses
en général (sciences naturelles et historiques) ou
de l'esprit en particulier (psychologie), n'atteignent
jamais les causes dernières des phénomènes et sont
forcées de s'arrêter, tout au plus, à leurs causes
pénultièmes.

La parfaite insignifiance de cette double définition

saute aux yeux. Les disciplines formelles ne sauraient faire litière du principe de causalité; elles
le proclament hautement, elles l'imposent aux
sciences dites objectives. Reste la distinction entre
la forme et le contenu. Elle est à la fois empirique
et futile. On l'a empruntée en partie aux notions
courantes de l'existence journalière et en partie à
certains procédés dont l'artiste fait usage, soit pour
donner à son œuvre l'apparence de la vie, soit
pour la séparer, par des limites artificielles, des
objets de nature qui l'environnent. Dans tous les
autres sens du terme, la forme s'assimile au contenu. L'objet véritable des sciences matérielles ne
réside-t-il pas dans les « relations » entre les choses
plutôt que dans les choses elles-mêmes? Et ne
pouvons-nous pas dire, en général, que la vraie
« matière » de toute connaissance est constituée
par l'apport propre du savant, par ce qu'il ajoute à
l'expérience, par la « façon » (que nous appellerons vaguement forme) qu'il lui donne pour la
changer en savoir? Et qu'aussi bien le « contenu »
de la philosophie sera ce que le penseur ajoute à
la science de son époque (et le plus souvent à
celle des époques précédentes) pour la transformer
en une conception aussi homogène que possible
de l'univers? Et qu'enfin la vraie substance de

l'action sera ce que le praticien ajoute aux données
de la science, de la philosophie et de l'art pour les
transmuer en travail utile ou nuisible, selon les
cas, ou en ces séries de faits et gestes qu'on appelle
des conduites individuelles et collectives?

A un autre point de vue, la distinction nébuleuse
entre les sciences formelles et les sciences matérielles s'éclaire par la différence de leurs méthodes.
Les disciplines qui ont surtout recours à la méthode
déductive nous paraissent, par là même, formelles. Au contraire, plus une science sera inductive, et plus elle nous semblera matérielle. Or,
toutes nos connaissances sont à la fois inductives
(matérielles) et déductives (formelles); seulement,
dans quelques-unes, la déduction prédomine.
Telles sont les sciences des phénomènes simples
dont l'étude est très avancée (les mathématiques,
certaines parties de la physique, etc.), et toutes les
sciences concrètes, au sens précis que nous atta-
chons à ce terme (la psychologie, la logique, la
gnoséologie, mais aussi la géologie ou la météréo-
logie, par exemple, auxquelles cependant aucun
théoricien du savoir n'attribuera le titre de science
formelle).

Quant à l'opposition entre les sciences des
« nécessités extrahumaines qui s'expliquent ou se

formulent par des lois immuables » et les sciences des « volontés humaines s'exprimant par des règles qui se laissent modifier », elle est illusoire à sa racine ou dans son fond. Elle marque, tout au plus, les différents degrés de développement par où passent d'une façon normale toutes les branches du savoir. De même qu'il n'y a pas d'adulte qui n'ait été un jour enfant, il n'y a pas de science qui n'ait commencé par être « normative ». Je ne puis ici que répéter mot pour mot ce que j'ai dit de cette sorte de sciences dans ma *Constitution de l'Éthique* : « Cette catégorie embrasse toutes les sciences non constituées, telles que la morale, la logique, le droit naturel, etc., qui abritent leur misère scientifique sous les thèses universelles de la philosophie. Ces sciences enfantines (devenues à la longue vicieusement précoces peut-être) nous prescrivent avec emphase ce qu'elles appellent « nos devoirs ». Elles disent : « on doit » là où les sciences développées et mûres annoncent : « cela est ». Les normes qu'elles promulguent remplacent vicarialement les lois inconnues qui gouvernent les classes correspondantes de phénomènes. De telles règles apparaissent la plupart du temps comme le simple résultat d'une sélection que l'esprit opère parmi les phénomènes inexpli-

qués, — choix qui, subordonné au milieu, à
l'époque, au tempérament individuel du penseur,
demeure sinon arbitraire au sens strict du mot, du
moins subjectif. Les besoins impérieux de l'action,
du travail, de l'industrie humaine revêtent les
sciences normatives d'une autorité factice et toujours discutable. A défaut d'une théorie exacte et
complète, l'action, plutôt que de s'interrompre et
rester en suspens, se laisse guider par une théorie
approximative et fragmentaire, et même par des
vues étroites ou fausses » (37).

CHAPITRE IV

Les thèses gnoséologiques
de l'hyperpositivisme.

L' « obsession gnoséologique » chez les philosophes
modernes. — Les points essentiels de ma théorie du
savoir. — La lutte contre l'Inconnaissable. — La fausse
antinomie entre le surorganique et l'organique, entre la
connaissance et la vie. — La théorie des sciences
abstraites et concrètes. — L'expérience du groupe et la
tradition. — L'hérédité biosociale et l'illusion des
« formes de la connaissance ». — Le savoir objectif et le
savoir subjectif. — L'individu biologique et la pensée
« asociale ». — Définition du concret par l'abstrait. —
L'interaction mentale et l'expérience collective. —
Résumé et conclusion.

Le vice essentiel des théories courantes de
la connaissance consiste dans leur caractère
encore profondément philosophique. La plupart
se prennent *bona fide* pour de véritables ontolo-
gies, pour des systèmes de philosophie première.
Les questions les plus complexes, les problèmes

les plus spéciaux échappent ainsi presque totalement à l'étude fructueuse par le détail.

La confusion initiale de nos connaissances particulières avec la philosophie — confusion qui
consacra la longue suprématie de l'empirisme
dans les sciences et de l'apriorisme dans les religions et les métaphysiques — est un fait aussi
indiscutable que la différenciation graduelle qui
se produisit, au cours des progrès du savoir
humain, entre ces deux modes fondamentaux de
la pensée sociale. Toutes les disciplines positives
sont à l'heure présente radicalement séparées de
la philosophie, sauf les disciplines du monde
surorganique, la sociologie et la psychologie,
qui subissent encore, à divers titres, la domi-
nation de l'esprit synthétique et apodictique. Mais
ce joug n'est plus ce qu'il était anciennement,
cette influence décroît tous les jours. La sociologie qui s'apprête à s'annexer la morale, et la
psychologie qui se rattache de plus en plus aux
sciences biologiques, s'évertuent toutes deux pour
conquérir leur indépendance. Néanmoins les progrès de la psychologie sont retardés par son exclu-
sivisme biologique.

Les faits psychiques les plus complexes — et
parmi eux, au premier rang, les phénomènes de

la connaissance — sont le produit d'une action puissante du milieu social sur le milieu organique. Aussi, tant que la double origine de cette sorte de faits ne sera pas unanimement admise, tant qu'on s'efforcera de les étudier en ignorant leur causalité sociale très directe, la philosophie apriorique n'aura pas dit son dernier mot. Elle continuera à cultiver avec les moyens dont elle dispose le petit coin de science spéciale qu'on lui aura bénévolement laissé. Elle en exagérera volontiers la valeur, elle reculera fictivement ses bornes, elle en fera l'équivalent de l'univers, elle le représentera comme le vrai noyau de toute réalité.

La philosophie actuelle nous offre précisément ce spectacle. Ses plus fameux systèmes, le criticisme équivoque de Kant aussi bien que le positivisme parfois étroit et mystique de Comte, que l'historisme transcendant de Hegel, que l'éthélisme pessimiste de Schopenhauer, que l'évolutionnisme agnostique de Spencer, que le nihilisme moral de Nietzsche, ont subi, souvent à un très haut degré, « l'obsession gnoséologique ». D'une manière explicite ou implicite, mais le problème de la connaissance prime et se subordonne, dans les synthèses philosophiques modernes, toutes les

autres questions. Et nul ne pouvant s'évader de
son époque, ni modifier à son gré les conditions
du milieu mental, j'ai à peine besoin de faire
remarquer que dans mes ouvrages de philosophie
première j'ai suivi l'impulsion commune, j'ai fait
comme tout le monde, j'ai rempli par un certain
nombre de thèses gnoséologiques élaborées *ad hoc*
les lacunes, les vides énormes que le grand exode
des sciences avait laissés dans le domaine de la
spéculation générale. Mais je dois dire pour ma
décharge que je n'ai jamais caché au lecteur combien les recherches de cette espèce eussent gagné
à être entreprises et conduites, à la place du philosophe, par le savant spécial. J'ai déclaré maintes
fois en outre que tant que la théorie de la connaissance ne sera pas traitée comme une partie de la
psychologie et étudiée comme une science concrète, dépendante à la fois de la sociologie et de
la psychophysique, nos solutions en apparence les
plus rationnelles, dans cet ordre de problèmes,
conserveront un caractère hautement conjectural.
Quoi qu'il en soit, je crois utile de rappeler ici, ne
fût-ce que pour les opposer aux doctrines encore
régnantes signalées dans le chapitre précédent,
certaines de mes vues gnoséologiques.

1º Je note d'abord ma longue campagne contre

l'agnosticisme sous toutes ses faces, sous son aspect théologique, sous son aspect métaphysique, sous son aspect semi-scientifique. Elle avait pour but de réduire l'inconnaissable à l'inconnu et, par son intermédiaire, au connaissable; de ramener toute transcendance à l'expérience, toute déité ou entité au concept unique du monde, de l'être universel; et elle a porté des fruits auxquels j'étais loin de m'attendre, du moins à si bref délai. L'agnosticisme ne rallie plus, comme naguère, la presque unanimité des esprits scientifiques, et la majorité qu'il impressionne encore semble déjà ébranlée et divisée sur des points qui ne manquent pas d'importance.

Avec l'axiome de l'inconnaissable tombent quelques-uns de ses plus fameux corollaires : la disparité radicale du sujet et de l'objet, du moi et du non-moi, distinction dont la valeur ne dépasse pas les limites de la science particulière qui étudie la genèse de ces concepts; le dualisme du phénomène, de la réalité sensible, et du noumène, de la réalité soustraite à l'action des sens (*38*); enfin l'opposition entre la matière et l'esprit, la plus vaine de toutes, si on y voit autre chose qu'un artifice logique servant à distinguer certains agrégats naturels simples de certains autres, plus complexes.

2° Je note ensuite, comme ayant également fait du chemin dans les esprits, mon hypothèse bio-sociale. Les philosophes voués aux seules études gnoséologiques, aussi bien que ceux qui s'occupent surtout de morale et de sociologie, semblent, en vérité, de plus en plus enclins à voir dans le jeu complexe des phénomènes mentaux et dans les acquêts cognitifs qui en résultent un produit du milieu social, une adaptation particulière de ce milieu aux conditions de l'existence biologique. Ainsi se découvre la profonde inanité de l'anti-nomie entre le surorganique et l'organique, du dogme pessimiste cher à tous les partisans de l'in-connaissable. Loin d'être, de sa nature, abusive et trompeuse, un danger, une menace perpétuelle à l'égard de la vie, la connaissance lui sert de digue et de rempart, elle se montre son allié naturel, elle s'affirme comme son principal moyen de conservation et d'expansion.

3° Par contre, ma théorie des sciences abstraites et concrètes n'a guère trouvé d'écho parmi les penseurs contemporains. En particulier, on semble peu disposé à ranger avec moi la psychologie dans la classe des connaissances essentiellement déri-vées et déductives. On ne résiste que faiblement à la tentation de subordonner les enquêtes socio-

logiques aux études psychologiques et l'on attribue
par suite aux premières, souvent sans y prendre
garde, tous les traits distinctifs du savoir concret.
Cette double confusion a d'autant plus lieu de nous
surprendre qu'elle va directement à l'encontre de
la théorie biosociale dont nous venons de parler
et qu'on professe d'accepter en même temps.

Une remarque toute pareille s'applique à ma
démonstration de la loi de l'identité des contraires surabstraits. En dépit de la nature spéciale
ou gnoséologique de cette formule, on l'assimile
volontiers à la thèse universelle de Spinoza reprise
et développée par Hegel; et quoiqu'on accepte la
plupart des conséquences de ma loi, on refuse de
reconnaître son principe.

On oublie que ces vues — ainsi que je l'ai fait
ressortir dans la préface de mon premier essai
sur l'éthique — et aussi bien sans doute les thèses
que je vais énumérer plus loin, ne se séparent pas,
qu'elles s'enchaînent mutuellement, qu'elles se
lient en un système, qu'elles font partie, selon
l'expression parlementaire à la mode, du même
bloc. J'espère donc que toutes seront approu-
vées à leur tour par les esprits qui donnèrent
leur adhésion à quelques-unes d'entre elles (39).

4° Laissons ici entièrement de côté l'aspect ou

le rôle *social* de la philosophie, de l'art et de l'action pratique, pour ne considérer, au même point de vue, que la seule connaissance.

L'âme collective est le premier moule où se façonne l'âme de l'individu biologique pour en sortir profondément marquée au coin social. Mais l'influence du groupe, si manifeste, si apparente dans le domaine de la tradition par où se perpétue et s'accroît notre savoir, n'est pas moins forte et moins considérable dès l'origine, dès la prime formation de toute connaissance. Celle-ci n'existe que lorsqu'elle s'affirme comme le résultat d'une expérience non seulement constante, mais encore renouvelable à volonté. Or une telle expérience est, par définition, collective. Tant qu'un essai personnel n'est pas répété par autrui, tant qu'il n'est pas reproduit — ni même susceptible de l'être — par les générations qui se suivent, il n'engendre aucune connaissance. Cette *socialisation* de l'expérience (ou cette *humanisation*, car le terme de « nationalisation » qu'une certaine école de publicistes a accoutumé d'appliquer aux seuls biens matériels choquerait ici par son étroitesse) forme la base réelle de tout savoir, la condition qui élève le pur empirisme au rang de théorie scientifique. Les processus d'abstraction et de géné-

ralisation, et par suite ceux d'induction et de
déduction, ne peuvent guère avoir pour objet que
des expériences communes, ne peuvent s'exercer
utilement que sur des faits corroborés par plus
d'un témoignage, sinon même sur des constats
indéfiniment réitérables.

Répétée un nombre fantastique de fois à travers
un nombre fabuleux de siècles, l'expérience de
l'espèce humaine tout entière imprègne chacun de
nous à tel point que certaines connaissances très
simples qui en dérivent semblent tendre à se trans-
mettre, à se fixer par la voie de l'hérédité biologique. Et c'est ainsi sans doute que les concepts
de temps illimité, d'espace infini, etc. — concepts
que nous n'avons pu former, eu égard à la vie
brève et la mort naturelle des individus, que col-
lectivement — nous apparaissent à la longue comme
des formes de la connaissance, des conditions qui
précèdent et rendent possible l'expérience person-
nelle.

Ce n'est du reste qu'en contrastant l'expérience
individuelle façonnée et dominée par l'expérience
collective, avec l'expérience individuelle soustraite
dans une certaine et toujours faible mesure à ce
joug (car pour rencontrer aujourd'hui une expérience individuelle tout à fait indépendante de

13

l'expérience du groupe, il faut descendre jusqu'à l'animalité, jusqu'au savoir des bêtes ou des assimilés aux bêtes), que nous pouvons parler d'un savoir objectif et d'un savoir subjectif. Cette dernière sorte de savoir n'est pas celui que possèdent les animaux ou les enfants en bas âge (sensations, représentations, souvenirs échappant au contrôle de la logique commune) ; mais un degré inférieur du savoir en général, une connaissance fondée sur une expérience collective incomplète, fragmentaire, ou contradictoire. Et c'est encore en ce sens qu'on peut dire que tout savoir a commencé par être subjectif (traduisez par : incomplètement socialisé ou « humanisé »)' et que, petit à petit, il est devenu objectif (traduisez par : totalement socialisé ou humanisé, *constitué*). J'ajoute que la connaissance objective peut seule prétendre à la qualité d'un pouvoir efficace et bien adapté aux conditions du monde externe, biologique ou mécanique ; seule, elle est, par essence, une *liberté*. Le savoir subjectif, par contre, demeure une puissance incomplètement ou mal adaptée aux conditions du milieu ; et il ne peut faire naître que le despotisme ou l'*arbitraire*.

5° Des sensations paraissant irréductibles les unes aux autres, voilà ce que l'analyse découvre au

fond des groupes psychiques *sui generis* appelés
« représentations » des choses. Les représentations sont des sommes de sensations diverses et
plus ou moins « rémanentes », — agglomérats qui
se forment et se dissolvent, qui s'agrandissent et
se rapetissent, qui se suivent, qui s'enchaînent en
des séries courtes ou longues.

Tous les êtres vivants doués d'une sensibilité
qui, au lieu de rester vague et diffuse, se concentre
en certains points de l'organisme où elle est servie
par des appareils physiologiques distincts (selon
la loi de la fonction assez intense pour créer l'organe différencié), donc l'homme zoologique aussi
bien que la plupart des animaux, sont capables de
transformer les excitations externes en sensations.
Et tous possèdent en outre la faculté de réunir les
sensations en groupes plus ou moins étendus et
variés, ou le pouvoir de se *représenter* les objets,
de *penser* le monde d'une certaine façon, dite *concrète*.

La pensée concrète appartient à l'*individu* au
sens strictement *biologique* du terme. Elle forme
le contenu brut, la matière première d'une sorte
d'expérience consciente qu'on peut également appeler biologique ou organique, car elle est toujours le fait de l'être isolé, elle ne se transmet pas,

du vivant de celui-ci, ni, à plus forte raison, après sa mort, à autrui, elle est indéfiniment reprise par chaque exemplaire de l'espèce pour son propre compte. Elle diffère en cela (et par son caractère conscient) de l'*instinct* qui, comme on sait, est *héréditairement* transmissible (mais nous n'avons pas à nous en occuper ici).

L'expérience organique conduit l'être vivant à deux sortes de constats : ceux qui ont trait à la ressemblance ou à la dissemblance de ses propres représentations; et ceux, beaucoup plus importants, car plus profondément analytiques, qui visent l'identité ou la diversité des sensations auxquelles se ramènent, en dernier lieu, les choses concrètes mentalement représentées. Enfin, à la suite d'une telle discrimination et comme son couronnement ou son résultat définitif, l'individu biologique parvient à isoler, dans les diverses séries de phénomènes soumises à son expérience, certains points ou éléments communs.

Ces éléments forment le contenu d'un aspect nouveau de la pensée individuelle qui, cessant d'être concrète *in toto*, tend en partie à devenir *abstraite* et pourrait déjà par suite revendiquer pour la première fois le titre de *connaissance*. Mais les deux termes — abstraction et connaissance —

ayant acquis, ainsi que nous allons le voir tout à l'heure, une signification précise et plus restreinte, j'aime mieux donner aux produits ultimes de la mentalité « solitaire » le nom de *sous-abstractions*, et à la connaissance empirique correspondante le nom de *sous-empirisme*. Les caractères communs notés dans les choses par la pensée encore « asociale » — le rouge, le dur, le doux, etc. — ne sont pas ce qu'on appelle d'habitude des concepts abstraits; ce ne sont ni les idées de rougeur, de dureté, de douceur, ni sûrement celles de couleur, de résistance, de plaisir et ainsi de suite. Et cela pour la très simple raison que l'expérience de l'individu, tant qu'elle reste non corroborée par celle des individus de la même espèce qui ont vécu avant lui (tradition) ou qui vivent avec lui (contrôle, vérification, exemple, etc.), ne peut ni se « généraliser », ni « s'objectiver » d'une façon durable; elle ne peut atteindre ni le passé lointain des choses, ni leur avenir inconnu.

Dans les limites que nous venons de tracer un peu à la hâte, la connaissance n'est pas sociale; elle demeure un fait biologique, elle nous frappe comme la plus haute floraison de la vie. Mais ces limites sont justement celles que la psychologie ordinaire assigne aux origines de tout savoir

humain. La psychologie traditionnelle fait profes-
sion d'ignorer la socialité (l'interaction sociale) en
tant que source formative des phénomènes et des
processus psychologiques. Elle place et considère
exactement dans le même jour et les rapports de
l'individu avec les autres individus de la même
espèce, et ses rapports avec les individus d'une
espèce différente, et ses rapports avec des objets
quelconques, avec la nature en général. Elle
adopte la vue simpliste qui fait dériver le fait
social du fait psychologique auquel le premier
reste subordonné. Et elle rejette naturellement la
thèse contraire qui fait sortir le mental du social,
qui affirme que la naissance de l'esprit collectif
précède et prépare la formation de l'esprit qu'on
continue à appeler individuel (au sens biologique
du terme), tandis qu'il est personnel (au sens social
du mot). Or, je tiens à faire remarquer que, déjà
aux yeux de cette psychologie aussi peu analytique
que possible, l'idée abstraite apparaît nécessairement comme une *généralisation* (un caractère qui se
retrouve dans plusieurs cas particuliers), et la chose
concrète — comme l'un de ces cas. Mais cette vue,
qui ne contredit pas notre théorie biosociale, nous
conduit à définir toute existence concrète ainsi
qu'une réunion, un *faisceau d'abstractions*.

6° Les deux hypothèses — leur vérification incombe respectivement à la biologie et à la sociologie — que nous formulâmes dans le deuxième chapitre de cet ouvrage et qui ont trait, l'une à la nature intime du phénomène organique, et l'autre à celle du phénomène surorganique, introduisent dans les théories modernes de la connaissance des points de vue nouveaux, inattendus et qui semblent devoir modifier ces théories d'une façon profonde.

Rappelons que la première de nos hypothèses ramène le fait organique à une « interaction intra-moléculaire » (chimique) qui se déroule dans chaque être vivant pris à part, et que la seconde ramène le fait surorganique à une « interaction intracérébrale » (psychologique) qui a nécessairement pour siège un *groupe* d'êtres vivants; et arrêtons-nous quelques instants à cette dernière.

Nous avons vu que, limitée à un seul être, à une conscience unique, l'expérience n'atteignait, en dernière analyse, que des sensations et des représentations assez éphémères, et des jugements, des émotions, des désirs simples et non moins évanescents. Elle ne découvre ni les caractères universels, ni les propriétés générales et constantes des choses, ni les jugements, les sentiments et les volitions complexes qui accompagnent les idées de genre et d'espèce, les abstractions de divers degrés, ou qui en dépendent. Or, c'est au point exact où éclate cette insuffisance de la vie, cette impuissance de l'interaction à base mécanique, que la socialité intervient, que commence le rôle de l'interaction à base vitale, d'abord psychophysiologique, et ensuite de plus en plus psychologique.

L'action réciproque exercée les uns sur les autres par les états conscientiels les plus simples (sensations, représentations, etc.) suffit pour amener à sa suite la transformation inévitable, dans les milieux correspondants, de l'expérience unilatérale ou individuelle en expérience multilatérale ou collective. En de semblables cas, l'expérience d'autrui vient s'ajouter à l'expérience de l'individu biologique, agissant sur elle et subissant, en retour, son action ; et toutes deux se fondent en une expérience à la fois plus vaste et plus constante, plus durable, transmissible dans le temps et l'espace et qui se transmet en effet à travers les pays, les continents et les siècles, aussi bien d'individu à individu que de groupe à groupe.

Cette expérience à la fois infiniment élargie et infiniment prolongée (selon la belle parole de Pascal sur « la suite des hommes » nous apparaissant « comme un même homme qui subsiste

toujours et qui apprend continuellement ») constitue le vrai point de départ, la seule cause initiale
de tous les phénomènes sociaux sans exception ;
et c'est aussi l'une des deux grandes causes productrices de tous les phénomènes psychologiques.
Auguste Comte et Littré eurent, je crois, un sentiment assez net de la première de ces vérités, eux
qui accordent une si grande importance à ce qu'ils
appellent la tradition, la filiation mentale des
générations et, d'une façon plus concrète, l'enseignement social. La tradition ainsi comprise est
sûrement un fait sociologique plus général et plus
essentiel que l'imitation, par exemple, qui n'est
qu'une des méthodes ou l'un des procédés employés
par la tradition pour se propager et se perpétuer
(procédé applicable surtout aux actes, à la conduite
extérieure).

L'expérience unilatérale ou strictement individuelle peut être graphiquement représentée par
une ligne unique qui, dans les groupes de sensations retentissant en une seule conscience, relie
entre eux certains points communs et fait ainsi
ressortir leur similitude. Cette ligne est courte,
elle est souvent interrompue (états pathologiques, etc.), elle se termine enfin brusquement par
la mort naturelle de l'observateur isolé. Au con-

traire, l'expérience multilatérale ou collective
forme un immense réseau de lignes qui, s'entre-
croisant dans toutes les directions, réunissent par
un double circuit — allant d'une conscience à un
nombre indéfini d'autres consciences et revenant
de celles-ci à celle-là — les traits communs, les
caractères identiques des agrégats concrets; ces
derniers s'observent ainsi et se réobservent à mille
points de vue différents. Ce réseau, ai-je dit, est
immense; mais son étendue est toujours en rapport
direct avec l'âge ou l'intensité de la civilisation
qui traça ses grandes lignes et qui les maintient,
qui ne tolère pas leur interruption, qui les rattache
les unes aux autres, qui les renouvelle, qui
augmente sans cesse leur nombre.

L'*expérience collective*, le lecteur s'en est sans
doute déjà aperçu, n'est qu'un autre nom —
d'allure à la fois plus concrète et plus modeste —
pour désigner la socialité, l'interaction mentale.
Le concept que ce terme exprime est à la portée
des esprits les plus positifs. J'ose donc me flatter
de l'espoir qu'on ne me reparlera plus, à ce propos,
comme on l'a fait au sujet du « psychisme social »,
d'entité, de tendance métaphysique, ou même de
mysticisme.

7° Énumérons encore quelques-uns des résultats

— des énormes avantages, des précieux bienfaits, est-on tenté de dire dès qu'on se place au point de vue qui fait dépendre le bonheur des hommes de la haute culture de leur esprit — de l'expérience collective, ce parfait synonyme de la socialité.

a. Les diverses séries d'expériences « asociales » (marquées par l'inexistence ou la formation incomplète des idées de genre et d'espèce et par la primauté quasi exclusive du particulier, du concret) aboutissent à un monde chaotique, non hiérarchisé, d'identifications fugitives (les *sous-abstractions*) que l'expérience unifiée, devenue continue et sociale, ne se lasse pas de confronter les unes aux autres, qu'elle vérifie, confirme ou infirme, accepte ou rejette, en totalité ou en partie, qu'elle épure, redresse et corrige.

Ainsi — par voie de recoupements successifs et d'éliminations répétées — découvre-t-elle à son tour un monde nouveau d'identités (les *abstractions*) qui se distinguent de leurs vagues prototypes par deux traits essentiels : leur réalisme ou *objectivité* plus grande d'une part, leur persistance indéfinie ou *pérennité* de l'autre.

b. La résolution des choses concrètes, des agrégats inorganiques, organiques ou surorganiques (complexus sociaux et psychiques) en une suite d'éléments toujours pareils à eux-mêmes (espace, temps, résistance, forme, couleur, son, goût, etc.), auxquels s'attribuent la plus haute réalité et la plus grande durée ou fixité possibles, — telle est la fin que poursuit l'expérience collective, tel est son office fondamental.

Mais les termes « d'objectivité » et de « pérennité » n'effaroucheront-ils pas, à l'égal du terme de socialité, certains esprits qui se croient très scientifiques et qui, péchant par excès de prudence, ne sont peut-être que très timorés? Ne voit-on pas ce que ces vocables expriment au juste et faut-il que nous les traduisions, eux aussi, en un langage *ad usum delphini*? Soit : l'objectif et l'éternel ou encore l'infini gardent pour nous un seul sens, ils veulent dire le « collectif ». Nous attribuons aux choses une valeur objective quand tous les cerveaux normalement organisés les perçoivent et les constatent de la même manière; et nous leur accordons une existence permanente, une durée infinie, lorsque la connaissance que nous en avons pu prendre nous semble susceptible d'être transmise *indéfiniment*, d'un esprit à tous les esprits, ou plutôt d'une génération d'esprits à toutes celles qui doivent lui succéder.

A mesure que, d'asociale, bornée à l'être isolé,

l'expérience devient sociale ou collective, elle transmue les séries multiples et parallèles des « sensations semi-abstraites » ou des « idées semi-concrètes » qui naissent dans les cerveaux des individus biologiques (le rouge, le dur, le chaud, le doux, etc., et leurs nuances), en une vaste série unifiée de « concepts généraux », de larges abstractions qu'il faudra bien qualifier de collectives, si l'on veut nous faire comprendre leur genèse et leur nature intime. A ces abstractions correspondent leurs signes parlés ou écrits, les « noms collectifs », qu'on a malheureusement trop souvent confondus avec les réalités abstraites. L'évolution de ces signes se moule d'ailleurs fidèlement sur celle qui, partant de la horde primitive, conduisit les hommes, par le clan et la patrie, à ces groupements de plus en plus étendus et ramifiés, la nation, l'État, les classes, les diverses associations intra ou internationales.

J'ai à peine besoin de remarquer qu'en faisant éclore dans les esprits la notion du « général » et en l'opposant à celle du « particulier », l'expérience collective y fait surgir en même temps et nécessairement toutes les idées qui découlent des deux premières : soit la notion des degrés de généralité coïncidant, quoi qu'en ait pu dire Spencer, avec les

degrés d'abstraction, soit le concept de rapport, si
fondamental pour la connaissance, soit encore les
idées de loi, de régularité, de répétition, etc.

c. L'expérience collective fut aussi la matrice où
se forma peu à peu et d'où sortit, à la fois toujours
triomphante et constamment méconnue, la grande
force sociale qui gouverne et dirige les hommes
(et que les dieux eux-mêmes doivent craindre, puisqu'elle finit par les mettre à pied), la *logique* sous
ses deux aspects principaux : le raisonnement
général, syllogistique, inductif, déductif, direct ou
causal, inverti ou téléologique ; et le savoir quan-
titatif ou mathématique, cette science première
qui servit de base naturelle à toutes les autres.

Beaucoup de bons esprits ont déjà reconnu le
caractère foncièrement *objectif* (voyez plus haut le
sens de ce terme) de la logique et de son synonyme
populaire, la *raison*. Ils ont vu que si les lois de
l'entendement lient les hommes, si elles sont
obligatoires pour toutes les intelligences, c'est que,
formées de concepts ou de rapports entre concepts dont le sens reste fixé et ne varie pas d'un
individu ou d'une génération à un autre individu ou à une autre génération, elles deviennent
nécessairement l'étalon, la mesure commune de
toutes les valeurs sociales. C'est évidemment

l'interaction psychique, l'incessante coopération du moi et d'autrui aux mêmes fins de recherche expérimentale et de découverte, qui présida à la formation des règles du jugement et fit surgir les principes directeurs de la connaissance rationnelle. La « logique » avec ses normes, ses lois inflexibles, est le premier fruit mûr, et le plus précieux — puisqu'il nous permet d'atteindre le reste et d'attendre patiemment que nous l'ayons atteint — de l'expérience et sans doute aussi de la connaissance collectives.

d. La science qui, par définition, décompose le concret pour en extraire l'abstrait, doit, à cet égard, prendre place immédiatement après la logique, sinon à ses côtés. La méthodologie des sciences utilise et prolonge à sa manière, elle enrichit et développe l'œuvre rationnelle. L'empirisme pur est une sorte d'arithmétique qui réduit le composé concret à ses composants donnés ou actuels (les faits particuliers quand il s'agit de vastes concaténations d'agrégats, et les sensations dites élémentaires quand il s'agit d'agrégats plus simples). Et la science pure est une sorte d'algèbre où les composants atteints en dernier lieu sont des cas généraux, des idées abstraites, des similitudes essentielles entre les diverses séries soit de faits, soit de sensations et de représentations.

Le savoir empirique ne dépasse guère la phénoménalité concrète dont il se borne à décrire les
variations innombrables et toujours contingentes.
Et le savoir théorique inaugure cette claire et
forte vision du monde qui découvre et met à nu
les rapports constants et nécessaires des éléments
qui le composent.

e. Les liens directs qui unissent le savoir des
hommes à leur expérience collective, justifient
amplement le rang que nous donnâmes à la
science dans notre système sociologique. Elle est,
sinon le *primum movens* (puisque l'interaction
mentale la précède et la conditionne), du moins
la cause *seconde* immédiate du vaste ensemble de
faits qu'on nomme une civilisation. Le *progrès*, le
développement social conscient opposé à l'évolution inconsciente, n'a pas d'autre base ; et la stagnation comme la régression sociales se laissent
toujours ramener, en définitive, à quelque inhibi-
tion grave, à un arrêt sérieux dans la marche
ascendante de nos connaissances.

Les sociologues — nombreux de nos jours
— qui assignent ce même rôle propulseur aux
actes accomplis par les hommes, me semblent être
les victimes d'une méprise que j'ai déjà eu

l'occasion de signaler. Éblouis par l'éclat tout en dehors de l'action, — du « geste » affairé maniant « l'outil » qui distingue l'homme de ses congénères zoologiques, — ils ne font aucune différence entre ces deux pôles diamétralement opposés de l'évolution sociale : l'expérience collective servant d'expression immédiate à l'interaction psychique, et la conduite où aboutissent, en dernier lieu, les conquêtes plus ou moins lentes de la réciprocité et de la culture humaines. Ils suppriment d'un coup la distance qui sépare la recherche encore inhabile de l'application déjà experte. Ils ne prennent pas garde qu'entre celle-ci et celle-là il y a place pour des chaînons intermédiaires. Ils semblent ignorer que l'interaction mentale ne se transforme point, d'une manière brusque, en action sociale; qu'elle se décompose et se ramifie auparavant, qu'elle revêt des aspects distincts; qu'elle se différencie en trois modes fondamentaux, la science, la philosophie et l'art, qui commandent à des genres particuliers d'activité comprenant, à leur tour, des espèces nombreuses.

Or, ce sont précisément ces espèces, et non pas leur germe premier et lointain, l'expérience collective, que la moderne sociologie de la volonté et de l'action érige en principe ultime des phénomènes

14

sociaux. Il y a là, par le fait, une tendance simpliste
dont les sciences commençantes sont assez coutu-
mières. Des causes variées s'unissent aujourd'hui,
qui facilitent la confusion et empêchent la vérité
de se faire jour. Les unes, offrent un caractère
durable : tel est le finalisme de la raison, qui l'incite
à estimer le but poursuivi comme le mobile déter-
minant l'effort (et à considérer, par conséquent,
l'action pratique comme la vraie racine de la spéculation pure). Les autres sont passagères; elles se
rattachent à de vieilles habitudes mentales héritées
du passé, ou à des préconceptions de date récente.
La sociologie subit encore sur plus d'un point
l'influence inconsciente de l'histoire descriptive,
des grands récits de faits et gestes qui l'ont précédée. D'autre part, les préoccupations de l'heure
présente ne paraissent pas lui être restées étran-
gères; et certaines d'entre elles ont pu fort bien
favoriser la thèse de la primauté de l'action. Je
signalerai ici, à cet égard et à titre d'exemple peut-
être inattendu, les profondes tendances démocra-
tiques de l'époque. A tort ou à raison, les esprits
les plus vigoureux de notre temps ont dressé un
piédestal au peuple, à la majorité, à la masse ignorante absorbée dans les travaux manuels. Or, par
suite des multiples désharmonies sociales si préju-

diciables au bonheur commun (et que la sociologie précisément a pour tâche d'atténuer ou de faire disparaître), la masse agit encore très souvent sans savoir ou sans réfléchir. Il peut donc sembler qu'en glorifiant l'action pure, on glorifie le « demos » qui la représente si bien. On oublie cependant que dans ce cas particulier, comme dans tous les autres, l'action demeure nécessairement *commandée*.

f. La sensation est l'aboutissement biologique de la connaissance, et l'idée abstraite — son aboutissement social. Toute connaissance — du moins toute connaissance humaine — est ainsi à la fois subjective, ou fonction de l'individu biologique, et objective, ou fonction du groupe social (se manifestant par ou dans l'individu social). C'est dans ce sens beaucoup plus que dans celui attribué d'ordinaire au terme d'objet, que le savoir se peut définir comme le produit du sujet-objet.

Mais tant que la pensée scientifique méconnaît ce qu'elle doit à l'expérience collective, tant que, ignorante de son origine et de sa nature sociales, elle ne fait cas que de son origine et de sa nature biologiques, elle ramène les choses, en dernière analyse, à une suite de sensations élémentaires ou irréductibles. Le monde est alors pour elle *ma* représentation du monde, formule qui laisse la porte largement ouverte à l'agnosticisme et à son succédané à peu près inévitable, l'illusionnisme. On soutient, par le fait, cette thèse suspensive : le monde *vrai* n'est *peut-être* pas ma représentation du monde.

Et à mesure qu'elle prend conscience de ses origines biosociales, la pensée analytique envisage tout agrégat concret comme un faisceau d'idées abstraites, comme une somme constante de *rapports* entre nos sensations, soit isolées, soit associées (représentations). Le monde devient alors à ses yeux *notre idée du monde*, correction importante qui suppose que *ma* représentation est égale à *notre* idée, faute de quoi elle est réputée fausse (ou du moins trop subjective et pas assez objective). Et correction qui ferme pour toujours la porte à l'agnosticisme et à l'illusionnisme; car on n'admet plus que l'idée universelle puisse être autre chose que le produit nécessaire, la dernière transformation du monde, ou, pour ainsi dire, son ultime repliement sur lui-même (*40*).

CHAPITRE V

Le nihilisme conceptuel.

L'ignorance à peu près complète des lois qui
président à la formation de nos concepts abstraits
et règlent leurs rapports mutuels, induisit l'esprit
en une illusion étrange et des plus opiniâtres.
Il lui sembla qu'un cercle magique, dont la
courbe suivait les contours sinueux du monde de
la vie, enserrait de toutes parts la réalité *concrète,*

la seule vérité accessible. Au delà s'étendait un
vide immense, un ciel infini privé de tout contenu « mesurable », mais peuplé de fantômes aux
apparences changeantes et bizarres, l'Olympe
empyrée où se tient et se meut la foule des idées
pures, des grandes abstractions creuses : autant de
reflets — trop souvent trompeurs, hélas! — des
choses qui tombent sous les sens.

*Nihil est in intellectu quod non prius fuerit in
sensu*, — vérité élémentaire qui précisément
affirme la nature pareille des réalités concrètes
et des réalités abstraites, mais qu'on construisit en
un sens étroit et empirique, qu'on dénatura, qu'on
falsifia au point de lui faire signifier juste le contraire. Aujourd'hui encore, on combat avec ardeur
le « platonisme de l'esprit », on le définit comme
le « mirage qui attribue la vie réelle à l'abstraction
vide ». La tentative de Platon ne fut pourtant, tout
au plus, que maladroite, prématurée, inconciliable
avec l'état du savoir psychologique de l'époque;
mais déjà elle s'inspirait de ce vague et louable
désir : jeter les premières bases d'une science
naturelle des idées.

Le *nihilisme conceptuel* apparut comme le prix
de rachat — prix que, pour ma part, j'estime
excessif — de la somptueuse erreur platonicienne.

Durant de longs siècles, depuis le Moyen âge jusqu'à la période contemporaine, la doctrine nominaliste tint sous son charme maladif les meilleurs esprits. Elle se donna et fut prise pour une vérité ésotérique qu'un petit nombre d'initiés seuls étaient capables de comprendre.

Les progrès des modernes recherches psycho-cérébrales et la démonstration comparativement récente de la loi logique qui constate et proclame l'identité réelle des concepts génériques du su-prême degré (que leur contrariété apparente dédouble aux yeux du vulgaire), portèrent le pre-mier coup décisif aux théories à la fois agnosti-cistes et illusionnistes (11).

Toute négation des idées de « chose en soi », de « cause première », de « fin ultime », d' « unité », de « bien absolu », de « liberté » au sens méta-physique du mot, etc., suscite ou entraîne la néga-tion de leurs contraires : le « phénomène », la « causalité », la « finalité », la « pluralité », le « mal absolu », la « nécessité », et ainsi de suite. Et *vice versa*, l'affirmation des idées qui se rangent dans l'une de ces catégories équivaut toujours à l'affirmation des idées qui leur font face, si je puis parler ainsi, qui s'alignent sous le signe opposé. Un exemple topique de ce double emploi ou de

cette dualité illusoire nous est fourni par le rapport d'égalité (tendant déjà à réunir les suffrages
des plus ignorants) qui se découvre entre le concept de Dieu (le non-univers, cause distincte du
monde) et l'idée d'univers.

En d'autres termes, le grand travail logique des
distinctions affirmatives ou négatives demeure
stérile tant qu'il s'exerce sur les concepts génériques suprêmes. Il ne devient fécond et pro-
ductif en résultats que si la pensée opère sur les
différentes espèces contenues dans de tels genres,
ou plutôt sur les rapports qui unissent ces espèces
entre elles.

Dans ces sphères moyennes de l'idée, la négation d'une espèce équivaut toujours à une affirmation (d'abord vague, mais que la négation a
pour but lointain de rendre nette) de certaines
autres espèces contenues dans le même genre; et
l'affirmation d'une espèce équivaut toujours à une
négation (que l'affirmation vise à rendre de plus
en plus stricte) des espèces voisines ou « congénères ».

Mais les habitudes mentales contractées dans
le commerce des espèces (à quoi se borne, par
définition, le savoir humain, analytique et conjectural de sa nature) sont indûment transportées

dans le domaine philosophique, dans la sphère des
concepts universels qui, également par définition,
subissent une règle différente. Nous croyons, par
suite, de bonne foi — quoique d'une façon assez
naïve — que la négation du « phénomène » nous
contraint à affirmer le « noumène », ou, pour
prendre un exemple un peu plus complexe, que
l'idée de « causalité » nous oblige à rejeter comme
contradictoire l'idée de « cause première », etc. Or,
ce sont là des suppositions gratuites et mal fon-
dées.

Le noumène est une négation illusoire, une
réaffirmation latente — et tendant toujours à
s'actualiser — du phénomène; la « cause première » est une négation fausse, une réaffirmation
du « nexus causal »; et nous pouvons en dire
autant de toutes les hautes cimes idéologiques.
C'est là un pays montagneux dont ni le climat ni
le sol ne se prêtent aux procédés de culture qui
pourtant réussissent si bien dans les vallées
moyennes, les plaines basses situées au-dessous.
Dieu affirme le monde, la pluralité affirme l'unité,
le mal affirme le bien, la liberté affirme la nécessité. Et *vice versa*, bien entendu : l'univers, par
exemple, affirme Dieu, et la nécessité affirme la
liberté, — double conclusion qui sans doute ne

laissera pas de paraître choquante dans la bouche
d'un athée et d'un déterministe convaincu! Mais
je prie mes partisans aussi bien que mes adver-
saires de ne pas oublier l'esprit exact de ma thèse
et « qu'affirmer » dans celle-ci, loin de vouloir
dire « poser comme distinct », signifie justement
« poser comme semblable », identifier.

C'est à la faute logique que j'ai indiquée et
dans laquelle tombèrent, après les théologiens, les
métaphysiciens de toutes les écoles, qu'on est
redevable de la partie la plus importante du contenu discursif des religions et des systèmes philosophiques. Au lieu d'admettre l'évidence intuitive
de la série d'équations : Dieu = univers, noumène = phénomène, cause première = cause
seconde, fin ultime = fin pénultième, unité = pluralité, liberté = nécessité, etc., et de passer outre,
à l'étude des espèces et des sous-espèces idéologiques, c'est-à-dire des *faits* connotés par de tels
genres suprêmes, et des rapports de ces faits entre
eux, — les psychologues, les théoriciens de la
connaissance et les moralistes inféodés aux méthodes traditionnelles traitèrent ces genres et leurs
négations apparentes comme des espèces authen-
tiques. Tous crurent étudier les relations réelles
des concepts génériques du dernier degré; et tous

subirent successivement le malaise qui nous
accable lorsque, nous efforçant de vaincre un
obstacle imaginaire, nous rencontrons le vide.
Telle nous semble l'origine véritable du sentiment de vertige auquel nul n'échappa parmi les
grands métaphysiciens, qui fut éprouvé par les
idéalistes comme par les matérialistes, par les spiri-
tualistes comme par les positivistes et les criti-
cistes, par les Platon et les Pascal comme par
les Comte, les Spencer, les Kant, les Hegel, les
Schopenhauer, les Nietzsche. Et tous se virent
punis par où tous avaient péché ; ils furent condamnés à piétiner sur place, à se contenter de
mots, à faire de la tautologie sans le vouloir et très
souvent sans le savoir (42).

La *réalisation de l'abstrait*, qui vient en tête de
la liste banale des gros péchés qu'on reproche aux
théologies et aux métaphysiques, est un terme
équivoque. On peut lui attribuer des sens fort
différents. Réalise-t-on une idée abstraite quand,
dans le domaine de la pensée analytique, s'il s'agit
d'un concept particulier, ou dans le domaine de la
pensée synthétique, s'il s'agit d'un concept universel, on *constate* sa présence effective, et sa
force, et sa vitalité dans les cerveaux où elle a
surgi, où elle s'est formée d'une manière lente ou

brusque, non seulement sous la poussée de certaines réalités biologiques et sociales incontesta-
bles, mais en s'assimilant, en transmuant en sa
propre « quiddité » idéologique une partie, si
minime soit-elle, de ces réalités? Donc, en les
abolissant, en les consumant d'une façon aussi
sûre que les gaz qui s'échappent d'un bûcher
allumé détruisent l'apparence du bois qui le com-
pose, ou que l'eau résultant de la combinaison
intime d'une quantité donnée d'oxygène avec la
quantité double, en volume, d'hydrogène, fait disparaître certaines propriétés physiques et chimiques de ces corps élémentaires? Et réalise-t-on
encore l'idée abstraite lorsqu'on s'assure qu'elle a
la déambulation facile, ou la contagion prompte,
qu'elle se communique, comme certains états
physiologiques ou pathologiques, d'un cerveau à
l'autre, ou d'un cerveau isolé à une multitude de
cerveaux, ou d'une foule à une foule, ou d'une
génération à une génération et d'un siècle à ceux
qui le suivent? La réalise-t-on, en outre, lorsqu'on
se convainc qu'elle peut agir à distance, comme
certaines formes d'énergie, en se propageant d'ailleurs par des moyens tout aussi matériels? Ou
lorsqu'on atteste qu'elle est solidement chevillée,
qu'elle possède une constitution robuste, à telles

enseignes que les poètes — toujours enclins à
l'exagération — n'hésitèrent point à la dire im-
mortelle? Ou lorsqu'on affirme enfin qu'elle se
transmue sans cesse, à son tour, par l'intermédiaire des vibrations vitales, en toutes sortes de
mouvements; et qu'elle coordonne ceux-ci, qu'elle
les dirige, qu'elle devient ainsi la force vraiment
souveraine et qui commande à toutes les autres? Je
pense, pour ma part, que voilà une façon très
plausible de réaliser l'idée abstraite. Et je crois
aussi que si l'on tient compte des connaissances
physiologiques, psychophysiques et sociales qui
servent de base à une telle entreprise, on ne
saurait la traiter aujourd'hui de prématurée ou
d'inconsidérée, — reproche si justement encouru
par le réalisme de Platon et celui du Moyen âge.

Mais on peut attacher à ces mots ou à cette
formule : « réaliser une abstraction », deux autres
sens encore, selon que le processus mental ainsi
désigné est le fait de l'artiste et se déploie dans le
domaine esthétique, ou qu'il est le fait du praticien et a pour champ la vaste sphère de la conduite
humaine. Je laisse ici entièrement de côté ce
dernier cas qui n'a pas besoin de commentaire :
réaliser une idée, aussi abstraite fût-elle, est peut-
être la meilleure définition possible de l'acte; et

reprocher au praticien de réaliser une abstraction,
c'est essentiellement lui recommander, comme
le suprême degré de sagesse, le non-vouloir et le
non-agir. Mais je dois dire quelques mots de la
réalisation esthétique de l'abstrait.

L'artiste n'a cure de constater la présence effective, dans les cerveaux individuels, de l'idée; ni
ses mille pérégrinations, ses sorties, ses entrées,
ses envahissements, ses évolutions lentes, ses
sautes brusques; ni sa force de résistance, sa
valeur coordonnatrice, son merveilleux pouvoir
dirigeant. Tout cela, il l'admet, ou ne l'admet pas,
suivant les lieux et l'époque, les influences ambiantes, de nature scientifique ou philosophique,
qu'il a subies. Mais il le fait toujours, pour ainsi
dire, avant la lettre, bien avant d'imaginer et
de produire son œuvre. Concevant celle-ci, il procède à un choix scrupuleux parmi les idées, il
n'accepte et ne tolère dans son Walhalla que les
créations mentales « typiques », représentatives
d'une foule d'autres et, par là même, capables
d'exciter, de stimuler nos désirs, nos pouvoirs
volitifs et les actes qui en dépendent.

Mais cela ne suffit pas encore : pour que l'effet
visé se projette à l'extérieur sans se dissiper
presque aussitôt (comme cela a lieu quand il s'agit

des jeux des enfants, des sauvages, des animaux
et, à un degré moindre, du jeu des comédiens, des
virtuoses de l'exécution, etc.), pour que cet effet
persiste, dis-je, pour qu'il se communique d'une
façon durable à autrui (rôle social de l'art), il
faut que l'effet puisse s'emmagasiner dans une
sorte de foyer ou de centre d'où il rayonnera et se
répandra de tous côtés. A cette fin, l'artiste doit
arrêter et fixer l'idée-modèle, le type idéal distingué entre tous et convenablement grossi et
exagéré (gonflé, devenu important, dit Nietzsche),
par des moyens qui nous frappent, qui produisent
une impression forte et permanente sur tel ou tel
groupe de nos sens (selon la branche d'art cul-
tivée).

Or nos sens — c'est là une loi physiologique
réputée infrangible — ne s'ouvrent complètement
qu'aux réalités *concrètes*, c'est-à-dire aux réalités
que j'ai toujours définies comme des « faisceaux
d'abstractions », des conglomérats « naturels » (qui
excluent le concours actif du mode surorganique
de l'existence) ou « artificiels » (qui admettent la
collaboration de l'homme) de qualités, de propriétés, de phénomènes (ou, si l'on aime mieux,
de noumènes).

Séparées, disjointes les unes des autres, ces

existences phénoménales ou nouménales ne sont
pas moins réelles que lorsqu'elles s'associent et
existent à l'état concret. Mais elles ne se con-
çoivent comme « isolées » — à l'état *abstrait* —
que par l'esprit (soit des hommes, conception distincte, soit des bêtes, conception de plus en plus
vague). Et cela signifie clairement et logiquement
que ces existences sont des idées pures : les uns
disent autant de schémas vides des choses, je dis,
moi, autant d'éléments derniers des existences
concrètes.

Mais revenons à la tâche spéciale de l'artiste.
L'artiste, s'il veut agir directement et fortement
sur notre sensibilité qu'il doit réussir à émouvoir,
est contraint d'associer par les liens les plus étroits
l'idée-maîtresse de son œuvre à la foule des idées
qui lui font cortège dans la phénoménalité externe,
dans le monde des agglomérats concrets. Il la rend
donc, comme on dit, aussi vivante que possible.
Il n'épargne rien pour capter et dépister à la fois
nos sens, pour faire naître en nous l'illusion
totale. Mais si les choses se passent ainsi, ne faut-
il pas en conclure que l'artiste réalise l'abstrait
dans la première phase de l'inspiration seulement,
alors qu'il cherche et trouve l'idée principale, alors
qu'il conçoit le *symbole* qui transparaîtra à travers

et qui illuminera, qui éclairera, qui animera le corps entier de son œuvre? Immédiatement après, il procède *syncrétiquement,* il réalise le *concret seul,* il fait ce qu'accomplissent chaque jour les forces inorganiques, organiques et surorganiques diversement combinées, il crée ou du moins il *imite* la création naturelle et la nature elle-même.

Ces procédés de l'art, transportés dans la science et dans la philosophie, y déterminent le plus grand désordre. La science devient un mauvais roman, et la philosophie — une religion ou une piètre métaphysique. Car, comme nous l'avons déjà vu, les théologies et les premières cosmogonies doivent en partie leur origine à la confusion — très naturelle à cette époque lointaine — des méthodes philosophiques avec les méthodes esthétiques. C'est ainsi que les religions, au lieu de réaliser l'idée divine, glissèrent insensiblement sur la pente qui les conduisit à *personnifier* Dieu; et c'est ainsi également que les métaphysiques créèrent, dans toute la force du terme, leurs *entités vivantes* et agissantes. Les unes et les autres ont emprunté à l'art ses procédés symboliques et syncrétiques. Les unes et les autres ont commis, non pas cette prétendue erreur qu'on leur reproche, de réaliser l'abstrait (là aurait pu être pour eux le

15

salut), mais la faute grave, quoique inévitable à
ce moment, de réaliser le concret.

La *réalisation du concret*, l'imitation de la nature
à laquelle les hommes donnent le nom d'invention
esthétique ou technique, suivant les cas, forme
l'office propre de l'art dans les deux sens du mot,
ou des beaux-arts et des arts utiles. Et cet office
est toujours dirigé, dans sa première phase, comme
nous en avons fait la remarque, par la réalisation
de l'abstrait, qui forme la tâche propre de la philosophie et de la science; ce qui, soit dit en passant,
répond parfaitement à la position hiérarchique
respective des quatre modes essentiels de la pensée
sociale et à l'esprit de notre grande généralisation
sociologique. Mais il est manifeste que l'étude des
lois qui régissent le *développement historique* de ces
deux sortes d'inventions incombe à la seule sociologie, de même que l'étude des divers procédés
employés par les « réalisateurs de l'abstrait » et
les « réalisateurs du concret » ressortit exclusivement à la psychologie et à la théorie de la connaissance.

Aussi bien, le premier soupçon que l'*objet* pourrait être différent de sa *perception*, ou cette inquié-
tude quant à la *réalité* des choses et à la *véracité*
des idées qu'on nous décrit d'ordinaire comme le

pas initial de toute philosophie, indiquerait plutôt,
à notre sens, la germination lointaine, et d'ailleurs
prématurée et précaire, de cette discipline concrète,
la psychologie ou idéologie. Du temps de Socrate
et de Platon, les travaux de psychologie, ne trouvant aucun point d'appui solide dans les maigres
et inconsistantes études biologiques et sociologiques de l'époque, devaient naturellement tendre à
confondre leur empirisme grossier avec l'*apriorisme* fruste des vagues spéculations métaphysiques. Et les choses restèrent en l'état durant une
période presque deux fois millénaire, jusqu'au
siècle de Hume, contemporain des premiers phy-
siologistes anglais, sinon jusqu'à l'époque de Kant,
contemporain de Cabanis, de Bichat et de Gall.

Aujourd'hui, s'il semble déjà assez puéril de
vouloir défendre la réalité de nos abstractions, il
est quasi impardonnable de chercher à prouver
leur profonde inanité. Loin de s'offrir comme le
sophisme fondamental sur lequel repose l'erreur
réaliste, le jugement : « on ne pense pas ce qui
n'est pas », est une formule simple, exacte, logique. On a tort de la combattre par cette fausse
réduction à l'absurde : « je pense Dieu, le néant;
donc, Dieu et le néant existent ». Le doute à ce
dernier égard n'est guère permis. Dieu et le néant

ont occupé et occupent encore le temps et l'espace
— puisque c'est là le critère le plus général de la
réalité; ils ont la vie dure, l'histoire et la géo-
graphie le prouvent, et pas n'est besoin de beaucoup ni de grandes phrases pour souligner la
démonstration.

Mais il y a dans le monde plus d'une manière
d'être, — c'est le fondement de la division des
sciences, — et la façon psychologique diffère déjà
par là des façons biologique et physico-chimique,
par exemple, que tout en supposant et en renfermant celles-ci comme une conclusion suppose et
contient ses prémisses, elle est beaucoup plus complexe. Il faut pouvoir se reconnaître au milieu
d'un tel dédale; et, pour ne pas sortir du cas
cité plus haut, il faut savoir, par exemple, que
le même « substratum mondial » fleurit et s'épa-
nouit dans les idées d' « être » et de « non-être »,
d' « univers » et de « Dieu », comme la même
quantité reparaît, sous des signes divers, dans les
deux membres de l'équation : $4 = 2 \times 2$. Il faut
savoir, en d'autres termes, qu'une classe entière
de concepts ne fait que répondre à ce besoin de
dualité qui caractérise l'esprit et qui est sans doute
la base ou la condition de son besoin d'unité
(comme le mal est la condition du bien, et l'erreur

'la condition de la vérité). C'est là le sens profond de l'idée et du terme de *relativité*.

Certains logiciens distinguent encore assez mal à propos entre le « fait » et l' « idée ». Ceux-là prétendent qu'on peut *abstraire* le premier de la seconde, le fait d'être, par exemple, de l'idée corrélative, et qu'alors on reste en face de la forme vide, du moyen, et non de la matière de la connaissance. Étrange conception qui à la fois traite le fait d'idée et refuse à l'abstraction la valeur du fait ! Les mêmes penseurs nous prémunissent contre les périls multiples que nous courons « en prêtant vie aux choses abstraites ». Je ne sais pas si déclarer que le monde se transmue en sa représentation et *vice versa* (comme le mouvement se transforme en calorique et inversement, par exemple) constitue un danger bien sérieux. Mais je pense qu'on n'a guère besoin de prêter une réalité factice aux idées qui prouvent leur réalité visible et tangible par l'argument *ad oculos* du vieux sage grec. Quant à leur ôter l'existence, la prétention me semble plus chimérique encore qu'exorbitante, et fort capable d'attirer les spadassins vantards de la philosophie qui l'énoncent, dans le piège où se prend le sceptique : je doute que je doute. Car c'est par une abstraction qu'on ôte la vie aux abstractions; donc, où la première est vivante, et les autres le sont aussi; ou elle ne l'est pas, et elle se dévoile alors elle-même comme une fiction mensongère.

Il n'y a pas, je le répète, entre le fait « d'être » et le fait de « connaître » et, à plus forte raison, entre l'idée d'existence et l'idée de connaissance, la moindre solution de continuité. Admettre aujourd'hui entre ces phénomènes connexes et similaires un « abîme infranchissable », c'est vouloir faire revivre (ou c'est laisser survivre) le plus pur esprit théologique, l'agnosticisme dans ce qu'il a d'essentiel.

Cette campagne contre le savoir n'a jamais été le plus beau fleuron de la couronne — lauriers mêlés d'épines — qui ceint le front de l'humanité. Toutefois, elle s'expliquait aux époques de crépuscule, où religions et métaphysiques rivalisaient d'efforts pour personnifier, à la façon de l'artiste, les grands phénomènes naturels. La science qui commençait déjà à y voir clair, qui saisissait la confusion de méthodes, qui s'appliquait de plus en plus à la seule réalisation de l'abstrait, la science pouvait, en effet, à ce moment, paraître suspecte à plus d'un titre. Mais cette campagne ne se comprend plus de nos jours. Aucun intérêt pratique 'omnipotent ne semble être en jeu, qui pût nous pousser à désirer le discrédit de la connaissance. Voudrait-on, conduit par un obscur et inconscient atavisme, retarder, sinon empêcher la différenciation de plus en plus imminente des quatre modes fondamentaux de la pensée sociale, et la subordination de plus en plus nécessaire des deux modes — la conduite et l'art — qui toujours admettront la réalisation du concret, aux deux modes — la philosophie et la science — voués dorénavant à la seule tâche spéculative, à la réalisation de l'abstrait? Ce seraient là peines perdues : on n'arrête pas, par quelques manœuvres habiles, une évolution historique qui suit son cours naturel. Les sciences du monde surorganique, constituées demain, dissiperont les derniers doutes à ce sujet.

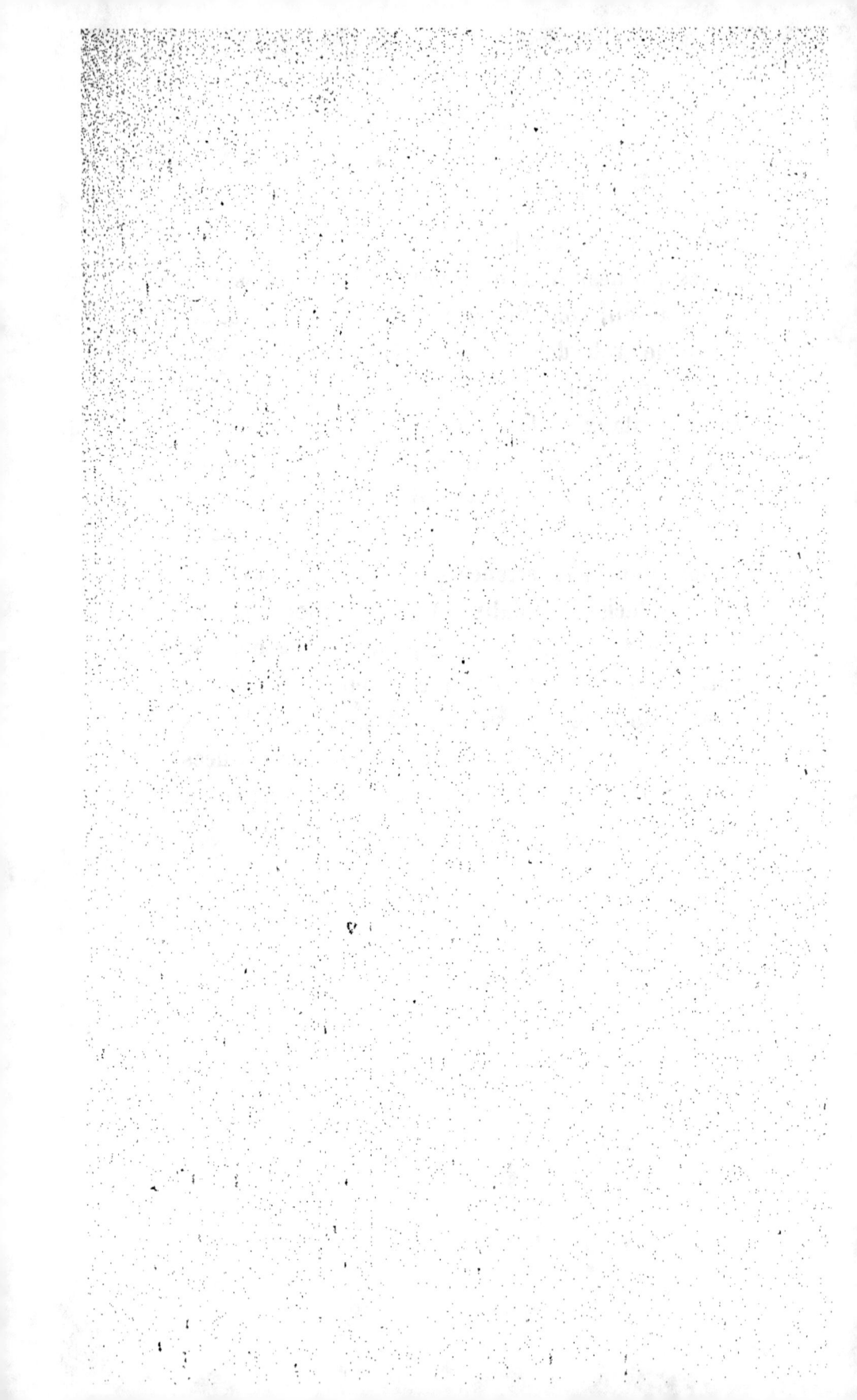

NOTES

—

(1) Voir *Constitution de l'Éthique*, chapitre premier.

(2) Voir *Constitution de l'Éthique*, p. 22-24.

(3) L. Arréat, *Dix années de philosophie*, Paris, Alcan, 1901, p. 29-30. — Auguste Comte a été conséquent avec lui-même, lorsque, faisant reposer la sociologie sur la biologie, il expliquait en dernière analyse l'objet de la première par ce qu'il considérait comme l'ultime conclusion de la seconde. Mais l'irréductibilité du phénomène social (qui seule donne à la sociologie le caractère de science abstraite) ne pouvait être pour Comte, logiquement, que l'impossibilité, passagère ou permanente, de réduire les phénomènes les plus complexes de la vie à ses manifestations les plus simples. Or ceci porte un coup désastreux à sa célèbre classification des sciences; et c'est pour y parer que Mill et Spencer intercalèrent, entre la biologie et la sociologie, la psychologie, en lui donnant une valeur gnoséologique toute pareille, en l'envisageant comme une science du même ordre fondamental.

(4) Très différents, à nos yeux, sont les rapports observés et analysés par le psychologue; car ils se laissent

ramener, d'une part, à l'état vital, aux rapports permanents entre les cellules ou les éléments biologiques, c'est-
à-dire aux conditions organiques étudiées par la biologie ;
et de l'autre, à l'état social, aux rapports permanents des
hommes entre eux, c'est-à-dire aux conditions surorganiques étudiées par la sociologie. Par suite, la psychologie
ne nous paraît pas pouvoir prétendre au titre de science
fondamentale. C'est une science dérivée ou foncièrement
déductive. Signalons, entre la sociologie et la psychologie,
un autre caractère différentiel. Comme chacun sait, on
donne, dans toutes les branches du savoir, le nom de *lois*
aux brèves formules où s'énoncent les relations constantes
d'une certaine classe de rapports naturels soit entre eux,
soit avec des rapports appartenant à des catégories scientifiques différentes. Et quand il s'agit, comme c'est le cas
dans les sciences abstraites et inductives, de rapports
« irréductibles » à des rapports plus élémentaires, les lois
qui les relient entre eux possèdent le même degré de valeur
(ou de généralité) scientifique que les lois qui les relient
aux rapports, également irréductibles, étudiés par d'autres
sciences abstraites. Par contre, quand il s'agit, comme c'est
le cas des sciences concrètes ou déductives — telles
l'astronomie, la géologie ou la psychologie — de rapports ou
de faits réductibles à des rapports ou des faits plus simples
et plus généraux, les lois qui relient les premiers entre eux
sont toujours des lois très particulières ; elles offrent souvent un caractère empirique fort prononcé ; elles sont
enfin invariablement subordonnées aux lois plus générales
qui rattachent ces rapports complexes aux rapports simples des sciences abstraites.

(5) D'ailleurs, ainsi que je le disais dans un récent ouvrage,
« si mon hypothèse *biosociale* qui voit dans l'intelligence la
fille de la cité (selon l'image employée par M. Izoulet), possède le moindre fondement réel, il est clair que le sociologue et le psychologue doivent, non pas entrer en lutte et

empiéter l'un sur le domaine de l'autre, mais fraternelle-
ment composer ensemble, mais sectionner ou dédoubler à
l'amiable le même vaste champ d'observations. Cela n'est
pas impossible si chacune de ces deux classes de savants
prend la ferme résolution de borner ses recherches à l'un
des deux aspects fondamentaux offerts par tous les phénomènes naturels : le point de vue *abstrait*, l'examen de tel
ou tel élément constitutif et comparativement simple d'une
catégorie de faits, et le point de vue *concret*, l'examen du
fait intégral, de la combinaison des divers éléments qui
composent le fait. Le physicien et le chimiste étudient tour
à tour les différentes faces de l'énergie universelle qui
met le monde en mouvement; mais cela empêche-t-il
le géologue, par exemple, de venir à leur suite, et se
basant sur leurs découvertes, réobserver dans ce vaste
agrégat naturel, le globe terrestre, l'action combinée des
forces matriciales ou élémentaires? Pareillement, le psychologue de l'avenir s'appuiera des analyses et des découvertes du biologiste et du sociologue pour réétudier, dans
l'individu, le jeu combiné des forces vitales et sociales pré-
mouvantes. La sociologie se pourra alors brièvement définir comme une sorte de psychologie abstraite, et la psychologie comme une sorte de sociologie concrète » (*Frédéric Nietzsche*, Paris, 1902, p. 118).

(5 *bis*) J'oppose le savoir concret au savoir abstrait. Mais
cette séparation n'a rien à faire avec le problème de la
division de la sociologie si souvent traité par les sociologues, et tout récemment encore par MM. Durkheim et Fauconnet (voir la *Revue philosophique*, n° 5, 1903). Faut-il, à
l'exemple de certains auteurs modernes, construire hypothétiquement les lois des phénomènes sociaux et remplir
par de telles constructions quasi aprioriques les cadres
d'une discipline spéciale connue sous le nom de sociologie ?
Faut-il, au contraire, considérer la sociologie ainsi que le
système, le *corpus* des sciences sociales, le simple nom

commun donné à l'ensemble d'une foule d'études inductives ayant pour objet la découverte de lois sociologiques
tantôt particulières, et tantôt de plus en plus générales?
Ainsi posée, la question, selon nous, ne peut pas se
débattre; car la formuler en ces termes, c'est, pour tous
les esprits scientifiques, la résoudre dans un sens favo-
rable au morcellement, à la spécialisation des recherches
— même outrée, même poussée à ses limites extrêmes.
Comme le disent très sensément les auteurs cités plus
haut, le monde social « est un monde infini dont on ne peut
avoir qu'une représentation tronquée tant qu'on essaie de
l'embrasser d'un coup et dans son ensemble; car il faut
pour cela se résigner à l'apercevoir en gros et sommaire-
ment, c'est-à-dire confusément. Il est donc nécessaire que
chaque partie en soit étudiée à part; chacune d'elles est
assez vaste pour servir de matière à toute une science. Et
ainsi cette science générale et unique, à laquelle on donnait le nom de sociologie, se résout en une multitude de
branches distinctes, quoique solidaires; et les relations qui
unissent entre eux les éléments ainsi décomposés, les
actions et les réactions qu'ils exercent les uns sur les
autres, ne peuvent elles-mêmes être déterminées qu'à
l'aide de recherches qui, pour être situées sur les confins
de deux ou plusieurs domaines, n'en sont pas moins spéciales » (*loc. cit.*, p. 474).

L'induction va du particulier au général; et la sociologie,
en sa qualité de science abstraite, donc essentiellement
inductive, devra, — cela non seulement aujourd'hui, à ses
débuts, mais au cours de tout son développement futur, —
poursuivre avec ferveur l'étude du détail, du fait très particulier (et même de l'*infiniment petit* social). Elle sera donc
effectivement représentée par un nombre considérable de
disciplines spéciales. Mais son cas, loin de constituer une
exception, forme la règle; c'est le cas ordinaire de toutes
les sciences dites fondamentales. MM. Durkheim et Fauconnet se donnent beaucoup de peine pour nous prouver

qu'il ne saurait y avoir de sociologie générale en dehors
des diverses sociologies particulières dont ils nous retra-
cent la vague et incomplète nomenclature. Mais connai,
traient-ils par hasard une physique séparée de la barologie,
de la thermologie, de la théorie de la lumière, de l'électro,
logie, de l'acoustique, etc.; ou bien une chimie distincte
de la chimie minérale et de la chimie organique, selon la
division ancienne, ou des nombreuses spécialités qui se
partagent de nos jours le contenu de cette science? Con-
naissent-ils enfin une biologie séparée et indépendante de
l'embryologie, de la morphologie, de l'anatomie, de la phy-
siologie, de la pathologie, soit végétales, soit animales, soit
générales, soit spéciales, etc., etc.? On pourrait donc, en
somme, renverser la thèse de MM. Durkheim et Fauconnet
et dire avec non moins de raison, que de même qu'il n'y a
pas de sciences physiques, chimiques et biologiques *distinctes* de la physique, de la chimie et de la biologie, il
ne saurait y avoir de sciences sociales (ni économie politique, ni droit, ni histoire, ni statistique, ni sociologie
génétique, ni morphologie sociale, ni criminologie, ni psychologie collective, ni ethnologie juridique, ni mythologie
comparée, ni science des religions, etc., etc.) *distinctes* de
la sociologie. Il n'y a, dans chacun de ces cas, qu'une
science *unique* qu'on divise et subdivise en parties, en chapitres, en paragraphes. Mais il serait vraiment puéril d'insister plus longtemps sur de telles vues. Les truismes ne
se supportent que si l'on a soin de ne pas les développer en
de longues pages.

(6) Voir Espinas, *Être ou ne pas être*, dans *Revue philosophique*, 1901, n° 1, et les réponses de MM. Tarde, Bouglé
(*Le procès de la sociologie biologique*), etc. Voir aussi la toute
récente et très suggestive étude que M. Draghicesco, qui
ne s'arrête pas à la superficialité des choses, qui creuse
les questions les plus difficiles, consacre à ce problème et
à quelques autres: *Le déterminisme social*, Paris, 1903, éd.

de la Grande France. Il y a, dans les vues de M. Draghicesco, une part importante de vérité ; mais un malentendu
d'une nature très sérieuse (et que je me propose d'éclaircir
dans mon prochain et dernier essai sur l'*Éthique*) plane sur
ses conclusions et les rend quasi inacceptables aux esprits
scientifiques. Ces conclusions doivent être, non pas reje-
tées en bloc, mais repensées, approfondies et modifiées.

(6 *bis*) Les vues exposées dans ce chapitre furent l'objet
d'une communication au V° Congrès de sociologie tenu à
Paris cette année (1903), du 6 au 10 juillet. Je les fis pré-
céder des quelques réflexions suivantes qui ne seront peut-
être pas déplacées ici.

« La question des rapports entre la sociologie et la psychologie, proposée au Congrès par le bureau de l'Institut
international de sociologie, n'est pas une question oiseuse
ou inutile. Elle a la valeur d'un acte de haute modestie
scientifique. Elle contient l'aveu formel que même aujour-
d'hui, après tant de livres, dont quelques-uns excellents,
publiés par tant d'auteurs, dont quelques-uns renommés,
nous en sommes encore à nous poser la question : quel est
donc l'objet propre du savoir social, et celui de la connaissance psychologique ? Et y a-t-il là, en vérité, deux ordres
distincts de phénomènes ?

« Certes, ici, comme partout ailleurs, le premier et le dernier mot appartiennent à l'étude attentive, à l'analyse, à la
description minutieuse des faits correspondants. Mais on
sait quelle aide puissante apporte à une telle étude l'hypothèse, la théorie qui prévoit les solutions possibles, qui les
formule avec netteté, qui unifie par un dessein commun
les recherches confuses de détail, qui montre sa route au
savant, qui le prémunit contre les confusions grossières.
Si l'analyse est le corps, l'hypothèse est l'âme de la science.
Sans une théorie provisoire qu'il confrontera constamment
avec les faits et qui lui paraîtra ou plausible — si ses propres observations et ses expériences tendent à la con-

firmer, — ou douteuse, ou de nulle valeur, si les faits la contredisent, le savant le mieux informé, le plus érudit ressemble au tireur adroit dont tous les coups se perdent dans le vide faute d'une chose pourtant bien simple, une cible, un but à atteindre.

« Il y a vingt-sept ans, dans un ouvrage paru avant les *Principes de sociologie* de Spencer, ainsi que vient de le rappeler notre aimable secrétaire général, j'examinai certains problèmes — qu'on peut appeler vitaux — de la jeune science sociale, celui de sa méthode, de sa division, etc., et surtout celui de ses rapports avec les sciences voisines, la psychologie et la biologie.

« On le voit, la question posée au Congrès est plutôt vieille. L'aurais-je donc mal solutionnée par l'hypothèse dite *biosociale*, théorie qui reçut l'approbation d'un grand nombre de sociologues, mais dont les conséquences directes échappèrent à la plupart de ceux qui avaient accepté son principe ? Et mon explication se trouverait-elle subitement en désaccord avec les faits connus aujourd'hui ? En aucune façon. Mais elle n'en continue pas moins à demeurer une hypothèse. Il est manifeste que nos connaissances sociales ne nous ont pas encore fourni les preuves indispensables à son admission ou à son rejet définitifs.

« On peut se demander à quoi tient cette lenteur ? Pour ma part, je crois que la loi générale du développement des sciences, implicitement contenue dans la célèbre classification de Comte, dissipe tous nos doutes à cet égard. Elle nous fait toucher au doigt l'obstacle essentiel qui barre le chemin au sociologue.

« En effet, et de même que la physique se morfondit devant la lente croissance du savoir mathématique qui l'empêcha de prendre plus tôt son essor, de même que la chimie demeura, durant tout le bas âge de la physique, un rêve incohérent d'alchimistes, que la biologie enfin dut patienter pendant des siècles et céder le pas à la chimie, — la sociologie, à son tour, nous semble exposée à piétiner

sur place tant que la biologie n'aura pas poussé plus avant
certaines recherches, n'aura pas appliqué ses méthodes
sûres à l'étude approfondie des faits psychophysiques
situés sur les confins extrêmes de la vie. A beaucoup
d'égards et sur beaucoup de points, la parole, en sociologie, est encore aux biologues. Ils ne sauraient, dans les
circonstances actuelles, en abuser. Laissons-les donc la
prendre, écoutons-les.

« Mais donnons-leur aussi, de temps en temps, la répli-
que. Le monologue est stérile, il ne vaut rien en de tels
cas. Il faut qu'une conversation suivie, riche en points
de vue divergents et ne craignant pas les digressions
fécondes, s'engage entre les biologues et les sociologues.

« Dans la communication — un peu longue peut-être, le
sujet prête aux développements — que je vais avoir l'honneur de faire au Congrès, je ne répudie aucune des thèses
soutenues dans ma *Sociologie*. Mais je tâche de les élargir
et de les creuser à la fois, d'en tirer toutes les conséquences, de les appuyer sur une base plus solide, de les
défendre par des arguments nouveaux.

« Ma théorie — si j'ose employer, pour désigner l'ensemble de mes vues sur la question qui nous occupe, un
terme si gros — s'oppose, je le sais, aux doctrines que le
public préfère encore parce qu'elles lui semblent plus
claires et plus simples. Mais c'est de cette clarté et de cette
simplicité apparentes que le sociologue doit surtout se
défier. L'histoire des sciences ressemble à l'histoire politique en cela, qu'elle se répète dans ses grandes lignes.
Et un exemple que j'emprunte aux annales de la science
aînée et voisine, la biologie, montrera mieux que de
longs discours quel est, selon moi, le point vulnérable et
vraiment faible de la sociologie contemporaine.

« Je crois encore moins aux fondateurs de sciences
qu'aux fondateurs d'empires : une science ne se crée pas
en une vie d'homme; ou plutôt, elle se fonde et se refonde
sans cesse. C'est ce qui arriva à la biologie de Bichat, qui

devint bientôt celle de Virchow, pour devenir ensuite celle
de Claude Bernard, de Pasteur, des microbiologistes et des
biochimistes. Et c'est ce qui arrive manifestement aujour-
d'hui à la sociologie d'Auguste Comte et de ses successeurs.

« La marche de la biologie fut marquée jusqu'ici par
quatre grandes étapes : la biologie des organes, réformée
par Bichat; la biologie des tissus, acclamée par Comte
comme l'achèvement de l'œuvre; la biologie cellulaire qui
ne tarda pas à la remplacer; et enfin la biologie des éléments chimiques et des microorganismes qui règne de nos
jours. Eh bien, je me demande souvent si la sociologie
n'évolue pas selon un plan assez semblable, si, partant des
choses extérieures bien en vue et qui paraissent fournir
l'explication la plus directe et la plus simple, elle ne
s'oriente pas de plus en plus vers les choses intimes,
cachées, invisibles, intangibles et qui, pour toutes ces
raisons, nous semblent obscures et un tantinet mysté-
rieuses? Admettons pour un moment qu'il en soit ainsi. A
la biologie des organes correspondrait en ce cas la sociologie, pour ainsi dire, avant la lettre, l'histoire majestueuse des grands événements et des héros. A la biologie
des tissus correspondraient aussi bien la sociologie intel-
lectualiste de Comte que la sociologie organiciste de
Spencer, que la sociologie économique de Marx, que tous
les systèmes qui se vantent d'être objectifs et qui, basés
sur des réalités palpables, nous inondent de clartés et
mettent à l'aise les esprits réfractaires à l'abstraction
pure. A la biologie cellulaire enfin correspondraient la
« Völkerpsychologie » des Allemands, l'interpsychologie
à base strictement individuelle de M. Tarde, toutes les
écoles et tous les systèmes qui font dériver le collectif de
l'individuel, le social du psychologique, et qui, assimilant
l'individu associé à ses semblables à la cellule vivante, ne
se préoccupent pas de le décomposer en ses éléments
constitutifs.

« La théorie dont je vais maintenant esquisser les grandes

16

lignes, adopte un point de vue très différent. Elle voit
dans les phénomènes psychologiques une *concrétion biosociale*, si je puis m'exprimer ainsi; elle fait sortir l'individuel du collectif et le psychologique du social. La psychologie dite collective précède à ses yeux la psychologie dite
individuelle. D'ailleurs, cette dernière n'est à son gré
qu'une psychologie collective *sui generis*, plus développée
ou plus avancée que l'autre. Car l'individu social est l'être
collectif par excellence. Il représente, à chaque époque, la
résultante concentrée et d'autant plus parfaite d'une
longue suite de groupements, soit contemporains (il peut
alors en faire partie lui-même), soit historiques (il se
substitue alors à ceux qui en firent partie et lui léguèrent
leur expérience).

« Certes, à première vue, la plupart des phénomènes
qu'on appelle sociaux paraissent pouvoir se réduire à
des faits psychologiques. Mais notre théorie conteste la
légitimité d'une semblable opération. Elle lui oppose la
réduction inverse, celle du fait psychologique au phénomène social, réduction qui demeure toutefois partielle, car
le fait psychologique, qui est plus complexe que le phénomène social, possède en outre des racines purement biologiques. Et c'est précisément par cette réductibilité
inverse que notre théorie explique la confusion ordinaire.
La même erreur signala l'histoire de la biologie. Ici
encore, à diverses époques, on ne manqua pas de ramener
le phénomène vital plus abstrait à cette série de faits biologiques plus concrets : l'organe, le tissu et, en dernier
lieu, la cellule. Mais cela fut possible précisément parce
que tous ces faits concrets étaient déjà, en partie, réductibles au phénomène vital (et, en partie, à des phénomènes
physico-chimiques ou mécaniques). Il y a, dans l'organe
(et, avant lui, dans l'organisme tout entier), dans le tissu,
dans la cellule, — de la vie, c'est-à-dire, des faits et des
processus plus simples ou élémentaires et provisoirement
irréductibles, situés sur les confins extrêmes de la

phénoménalité *chimique*. Et il y a, de même, dans tous les faits sociaux complexes et de plus en plus concrets qui nous frappent comme autant de manifestations psychologiques, de la socialité, c'est-à-dire, des faits et des processus plus simples, élémentaires et provisoirement irréductibles, situés sur les confins extrêmes de la phénoménalité *biologique*.

« Qu'est-ce donc que le *social* auquel notre théorie assigne un si grand rôle dans la genèse du *mental*? Mais qu'est-ce que le vivant, le chimique, le physique (le lourd ou le pesant, par exemple)? La « socialité » n'est pas moins certaine que la vie, que la chimicité, que la gravité. Et si elle reste encore voilée et nuageuse, c'est qu'apparemment ici, comme partout ailleurs, le savoir humain n'a pas dit son dernier mot.

« Mais l'hypothèse est toujours là, offrant ses services à l'analyse et l'incitant à pénétrer de plus en plus le secret des choses. A l'exemple des modernes doctrines biologiques (hypothèses biochimiques), notre théorie sociologique n'a garde de se priver de son précieux concours. Nous faisons donc conjecturalement consister le phénomène social abstrait (la socialité) en une *interaction* essentiellement vitale ou biologique, puisqu'elle s'exerce dès l'abord entre les énergies cérébrales (sensations, représentations, etc.) qui forment le patrimoine commun de l'homme et des animaux les moins sociables. Il y a, selon notre hypothèse, dans tout fait social *concret* — et tels nous apparaissent, au premier chef, les faits psychologiques — de l'*interpsychophysicisme*, de l' « intermentalité biologique ». Mais cette intermentalité rudimentaire évolue, elle se développe, elle se complique à mesure même qu'évoluent, se développent et se compliquent, sous son influence directe, les multiples mentalités qu'elle agite et met en jeu. De l'interaction psychophysique nous passons ainsi à ce qu'on peut appeler (pour la distinguer de son prototype) l'*interaction psychologique*. Mais ce sera toujours, à nos yeux, une erreur que de confondre celle-ci avec le fait psychologique ou, encore pis, de la faire dériver de ce fait. »

(7) Un *but* qui serait à la fois irrationnel et inconscient, est une contradiction dans les termes; c'est le morceau de bois en fer de Schopenhauer. Les variations et la mutabilité extrême des phénomènes sociaux sont justement attribuées par Stuart Mill à l'intensité et à la fréquence des réactions exercées dans le monde social par les faits psychologiques, les caractères des hommes, etc. Et peut-être la méthode déductive inverse, que ce logicien recommande pour les études sociologiques, ne s'éloigne-t-elle pas beaucoup de la méthode finaliste.

(8) S'il ne veut pas tomber dans la plus inextricable confusion d'idées, il faut que le sociologue pose et résolve ce problème : quels sont les aspects fondamentaux, les modes essentiels de l'interaction psychologique?

Des écrits déjà nombreux, — depuis la *Philosophie du siècle* où je formulais en ses grandes lignes ma théorie des quatre facteurs de l'évolution sociale, jusqu'à la *Constitution de l'Éthique* où j'achevai (autant qu'on peut parler d'achèvement en de pareilles matières) de donner à mes vues sur ce sujet le développement qu'elles comportent, — témoignent de ma persévérance à vaincre les multiples difficultés que soulève la solution d'un tel problème.

Je ne voudrais pas fatiguer le lecteur par des redites. Mais la question en litige est encore si obscure, le terrain sur lequel on la place d'habitude si encombré de vieux préjugés, si propice aux subites renaissances d'opinions qu'on croyait mortes, qu'il devient presque impossible — sans courir le risque de voir sa pensée absurdement travestie — d'éviter certaines répétitions.

J'ajoute que l'exposé de ma théorie des facteurs sociaux dans la *Philosophie du siècle* (1890, chap. IX à XI, chap. XVI, et surtout chap. XVII : *L'hégémonie de la science*, et chap. XVIII ; *La série intellectuelle*) fut précédé et préparé par la critique de certaines vues directrices du positivisme dans *L'Ancienne et la Nouvelle Philosophie* (1887, II° partie, chap. I-V, et III° partie, chap. III-IV). Cf. aussi *La Recherche de l'Unité* (1893, chap. XI et XII).

(8 *bis*) *Constitution de l'Éthique*, p. 37.

(9) On peut reprocher à la méthode finaliste d'être une méthode ratiocinative par excellence. Mais si l'expérimen tation des sciences physiques, comme le fait observer Stein- thal (*Zeitschrift für Völkerpsychologie*, 1887, p. 224), se peut très justement comparer à une *abstraction* palpable, pour- quoi ne verrions-nous pas, avec M. Bouglé qui cite cette comparaison (*Les sciences sociales en Allemagne*, 1896, p. 82), dans l'abstraction des sciences sociales, une *expéri- mentation* idéale? Nous ne devons jamais oublier au sur- plus que si le monde est, en définitive, notre représenta- tion du monde (à ce point qu'on a pu dire que l'univers est en nous, en nous seuls, et qu'en dehors de nous il n'existe qu'un amas confus de molécules vibrantes dont chacune ignore sa voisine), c'est précisément parce que tout dans notre esprit lui vient, en dernier ressort, du monde. Ce qu'on appelle « l'idée » est l'intégration ultime et la plus parfaite de l'univers. Nous pouvons dire que le monde est en nous, en nous seuls; mais si nous ne vou- lons pas être profondément illogiques, il nous faudra immédiatement ajouter que nous sommes en lui (dans le monde) comme l'effet est dans sa cause, la conclusion dans ses prémisses. Et loin d'avoir créé de toutes pièces les notions de temps et d'espace, de grandeur et de mouve- ment, par exemple, comme on l'a si souvent prétendu, nous avons tiré ces concepts des réalités — de l'amas confus de molécules vibrantes, si l'on veut — qui nous entourent et dont nous sommes le produit naturel ou

l'expression complexe. En dehors de l'être vivant, chaque molécule ignore toutes les autres. Soit; mais dans l'être vivant, ou plutôt dans l'être *pensant* — et c'est de lui *seul* qu'il s'agit, — elles finissent par se connaître, par prendre conscience de leur actualité éternelle. Le sociologue italien Giovanni Bovio avait mille fois raison d'attacher un prix énorme à cette simple formule qui résume l'effort philosophique du XIXᵉ siècle tout entier : « La pensée est la nature qui s'y reflète, l'histoire est la pensée qui s'y meut »; ou encore de prétendre que la pensée n'est admissible qu'entre deux faits : entre le « fait naturel » dont elle est le résultat, et le « fait historique » dont elle est la cause. Hermann Post, le fondateur d'une nouvelle spécialité sociologique (la jurisprudence ethnologique), cité par M. Durkheim dans la *Revue philosophique*, 1903, nº 5, est du même avis : « C'est une des propositions les plus fondamentales de l'ethnologie moderne, dit-il, que ce n'est pas nous qui pensons, mais que le monde pense en nous ».

(10) *A system of Logic ratiocinative and inductive*, 1ᵉ éd. américaine, p. 575.

(11) Et tout récemment encore, dans un article paru dans la *Revue philosophique*, mars 1902, et intitulé : *Qu'est-ce que la philosophie?* p. 225-244.

(11 *bis*) *Op. cit.*, passim.

(12) Voir, par exemple, à ce sujet : *Les fondements de l'Éthique*, p. 107-108.

(13) J'espère que ces lignes tomberont sous les yeux e certains critiques qui, se méprenant sur le fond de ma doctrine, m'ont rangé parmi les adeptes de cette foi nouvelle : la religion de la science. Le propos qu'on me prête me semble tout simplement absurde. Je veux bien qu'on honore les savants, les philosophes, les poètes et les

hommes d'action, c'est-à-dire, en vérité, l'humanité entière; mais je demande qu'à mérite égal on traite ces divers ordres de travailleurs d'une façon absolument uniforme. A part cela, la religion positiviste du genre humain me semble la plus adorable naïveté du siècle. Elle enfonce une porte ouverte, elle dévoile un mystère percé à jour : le sens profondément anthropomorphe et agnostique de toutes les dévotions religieuses passées , présentes ou futures.

(14) Même acculé par les thèses arbitraires et contradictoires d'une science empirique et quasi nulle, l'esprit du philosophe s'en tirera d'une façon *logique* en proclamant avec saint Augustin, par exemple, que l'absurde constitue le seul fondement de la croyance théologique (ou que toute foi religieuse repose sur un postulat inadmissible pour la raison).

(15) Dans ce débat, une autre issue encore est possible. On peut élargir, étendre la signification de l'idée de « connaissance » jusqu'à lui faire embrasser, outre les deux espèces qu'elle renferme d'habitude (la science et la philosophie), les espèces immédiatement voisines, l'art et l'action.

Voir à ce sujet *Constitution de l'Éthique*, p. 161.

(16) Ce qui veut dire encore que l'historien de la philosophie, adoptant le point de vue de l'historien de la science, estimera que la philosophie a été dans le passé, comme le furent un jour toutes les branches du savoir, les mathématiques et la physique, la chimie, la biologie, etc., « une simple possibilité, une virtualité future, une chose dont on ne saurait affirmer qu'elle existe déjà, mais dont on peut dire, sans crainte de se tromper, qu'elle naîtra un jour » (*Constitution de l'Éthique*, p. 167-168).

. (17) Cette vue — je n'ai pas besoin de le dire — me
semble une erreur totale. Voir à ce propos mon article
intitulé : Qu'est-ce que la philosophie? (*Revue philosophique*, mars 1902 p. 236) : « La synthèse du philosophe
réunit par des liens logiques les parties conjecturales et
les parties certaines des sciences; mais même au cas
qu'elle ne puisse relier entre elles que de simples conjectures, elle ne devient pas pour cela une hypothèse. Elle en
possède peut-être l'apparence ou la forme, puisqu'on
pourra, le cas échéant, la caractériser comme une synthèse conjecturale. Mais l'âme de l'hypothèse ne l'habite
point, cette âme qui consiste dans la possibilité toujours
présente de vérifier expérimentalement une supposition. »

(18) La science, la philosophie et l'art rentrent dans le
vaste cadre des études sociales. A un certain point de vue,
ces divers modes de l'interaction psychique forment même
l'objet principal de pareilles études. Les anciens, avec
Platon et Aristote en tête, rattachaient très judicieusement
le domaine esthétique à la morale d'une part, à la métaphysique de l'autre. Aujourd'hui, on traite souvent l'art
comme une annexe de la psychologie; et en effet, l'art
revêt ce caractère psychologique (avec les deux grandes
sources où il puise sa substance, le savoir exact et les
synthèses mondiales), lorsque, cessant de considérer ces
phénomènes dans leur phase évolutive première, ou ainsi
qu'autant de modes distincts de l'interaction psychologique, nous les envisageons dans leur phase évolutive
ultime, ou ainsi que les produits combinés (et par suite
concrets) de la pensée sociale et des conditions physiologiques, toujours individuelles.

(19) Cf. mon article déjà cité in *Revue philosophique*,
mars 1902, p. 230-231. « Au surplus, les éléments qui
composent cette *joie d'agir* sont mobiles, variables; ils
changent selon les temps, les lieux et les milieux. C'est la

relativité esthétique qui dérive de la *relativité philosophique* (dépendance de la philosophie vis-à-vis du savoir) et de la *relativité scientifique* (dépendance de l'esprit humain vis-à-vis de la nature). »

(20) Cette conception de la nature du beau repousse les pauvretés logiques, les pénibles équivoques où se complaisent certaines logomachies aussi banales qu'obscures qui néanmoins passent encore pour des théories savantes. Elle lave les diverses écoles réalistes des accusations ineptes portées contre elles, elle justifie et consacre la variété infinie des genres et des manières esthétiques ; elle divulgue les raisons explicatives de ce fait toujours constaté par l'expérience : que Dieu et Satan, la lumière éclatante du jour et l'ombre épaisse de la nuit, la vertu et le crime, le Christ et Judas, Virginie et Messaline, le héros sympathique et le monstre repoussant, la vie et la mort, le plaisir et la souffrance, et aussi bien tous les degrés intermédiaires entre ces extrêmes, tous les êtres quelconques, les Sancho Pança, les Falstaff, les Bouvard et les Pécuchet, etc., en un mot, la nature vivante dans ses moindres manifestations et jusqu'aux choses inanimées, que tout cela, dis-je, lorsque l'art s'en empare et réussit à nous en dévoiler l'essence générique ou typique, nous fait éprouver le même frisson admiratif, nous émeut et stimule notre activité d'une façon toute pareille.

(21) *Philosophie de l'art*, 4ᵉ éd., p. 119.

(22) Le rang assigné par nous aux conceptions esthétiques parmi les facteurs de la vie sociale éclaire une foule de faits dans l'histoire. L'art a toujours donné d'abondantes frondaisons chez les races et les peuples qui possédèrent des idées religieuses et philosophiques étendues ou profondes. Et il a pris fortement racine, il a fleuri surtout dans les contrées dont la nature généreuse tentait la

paresse naturelle de l'homme, le poussait vers la vie contemplative, le détournait de l'action, c'est-à-dire, en vérité,
partout où le besoin de la stimulation esthétique se faisait
le plus vivement sentir. Ainsi s'affirmait, d'une part, la
dépendance de l'art envers la philosophie, et de l'autre, la
dépendance de l'action vis-à-vis de l'art. L'exemple classique des Pays-Bas ne va nullement à l'encontre de notre
thèse; car dans ce pays au sol pauvre et avaricieux on ne
songea jamais à l'art avant d'avoir conquis la richesse; et
celle-ci, pour les classes qui en jouissent, se substitue aux
dons gratuits de la nature.

L'étroite solidarité qui lie les manifestations esthétiques
aussi bien aux travaux du savant et du philosophe dont
elles s'inspirent, qu'aux actes ou à la conduite humaine
qu'elles stimulent ou tonifient, s'exprime encore par les
difficultés croissantes, à la fois théoriques et techniques,
que la préparation et l'exécution de l'œuvre d'art rencon-
trent de nos jours. Ces difficultés augmentent visiblement
au fur et à mesure de la complication de plus en plus
grande des recherches intellectuelles et de la vie active.
Ainsi que le remarque avec raison M. Fausto Squillace
dans son volume *Sociologia artistica*, l'art moderne tend
à devenir une étude aussi ardue et hérissée d'obstacles
que toutes les autres études et tous les autres travaux;
l'œuvre de l'artiste n'est plus ce jeu facile, ce divertisse-
ment à la portée de tous et de chacun dont les vieilles
esthétiques nous ont rebattu les oreilles (v. p. 189). Déjà,
à côté de l'art populaire, un art raffiné et ésotérique
surgit, qui cherche ses inspirations dans les philosophies
subtiles des minorités savantes. On parle même de réagir
contre cette tendance qui serait aussi préjudiciable aux
artistes qu'aux masses. On ferait mille fois mieux, et on
serait plus assuré du succès final, si l'on se donnait la
peine — qui pour tous les « intellectuels » devrait former
le grand plaisir, le charme supérieur de l'existence — de
dessiller les yeux des foules, de rehausser leur niveau

mental, d'appuyer leur moralité équivoque et vacillante sur la base ferme d'une philosophie éclairée par les progrès rapides du savoir. Un pas considérable dans cette voie sera accompli le jour où l'on se décidera à ne plus entretenir, aux frais de l'État, et à l'usage spécial du peuple, l'importante confrérie de ceux qu'un débat parlementaire récent signala à l'attention du public comme de véritables « professeurs de mensonges ».

Dans un travail récent, où certaines questions d'esthétique sont ingénieusement traitées, M. Remy de Gourmont définit l'art : une perpétuelle *exception*. Le lecteur sait déjà quel sens je donne à ce terme, et que je le traduis ou le précise par cet autre : un *choix*. Mais quand M. de Gourmont vient, en outre, nous dire que « le peuple n'est pas fait pour l'art, ni l'art pour le peuple », parce que le « peuple ne goûte pas l'exception » (*Le problème du style*, 1902, p. 195), nous répondons à cet ostracisme : le peuple, aussi bien que n'importe quelle élite, a l'art de sa philosophie, comme il a la philosophie de sa science. L'énorme supériorité de ces facteurs dans un cas, et leur insuffisance manifeste dans l'autre, font naître l'illusion que le peuple n'a ni art, ni philosophie, ni science.

Notons, en passant, cette autre vue de M. de Gourmont, qui mérite d'être méditée. « L'art est ce qui donne une sensation de beau et de nouveau à la fois, de *beau inédit...* La copie d'une belle chose est toujours une laide chose. C'est, en admiration d'un acte d'énergie, un acte de lâcheté. » Et rappelant cette sentence de Renan : « L'esprit de l'homme n'est jamais absurde à plaisir, et chaque fois que les productions de la conscience apparaissent dépourvues de raison, c'est qu'on ne les a pas su comprendre », M. Remy de Gourmont y ajoute ce commentaire topique : « Absurde à plaisir, voilà le mot important de la phrase : il n'est guère d'artiste ou d'écrivain de ce temps, pour peu qu'il eût d'originalité, qui n'ait subi vingt fois la grande injure des imbéciles et des insensibles; fumiste, disent-ils en leur langue, comme en la sienne Renan : absurde à plaisir » (*op. cit.*, p. 205-207).

(23) V. mon article déjà cité, dans *Revue philosophique*, mars 1902, p. 238.

(24) P. Milioukoff, *Esquisses tirées de l'histoire des intellectuels en Russie* (en russe), Saint Pétersbourg, 1902, p. 77. — La fameuse théorie du Banquet de Platon d'après laquelle l'amour surgirait de la rencontre fortuite de deux moitiés d'une seule âme qui se cherchent avec passion, interprète d'une façon plutôt enfantine le grand mystère, — syncrétique et symbolique, c'est-à-dire, esthétique, selon nous, — de l'amour.

(25) « Fille chérie, dit, dans le *Prêtre de Némi* de Renan, Antistius à Carmenta, l'amour est la déesse myrionime; on l'adore sous mille noms. Honte à qui tient pour impur l'acte suprême où l'homme le plus vulgaire et le plus coupable arrive à être jugé digne de continuer l'esprit de l'humanité. A tous les degrés de l'échelle infinie, l'amour se transfigure et lubrifie les joints de cet univers. Tout ce qui se fait de bien et de beau dans le monde *se fait* par le principe qui attire l'un vers l'autre deux enfants. »
J'ai écrit quelque part que l'esthétique de Léon Tolstoï, parce qu'elle nie la beauté, décapite l'art. Je dois ajouter maintenant que le célèbre auteur de la *Sonate à Kreutzer*, en déclarant la guerre à la seule forme saine de l'amour qui doit être physique en même temps que psychosocial (le platonisme amoureux formant une anomalie, un phénomène tératologique), — prive l'art d'une de ses expressions les plus fondamentales et les plus justement populaires. Cette théorie de l'art se réclamant de Jésus et de l'Évangile s'attaque ainsi à l'édifice esthétique tout entier qu'elle s'essaye à détruire à la fois par sa base et son faîte.
On a dit que l'amour est de sa nature aveugle, tandis que l'art est divinatoire, prophétique, intuitif (et l'on cite à

ce propos Homère, Eschyle, Sophocle, Dante, Shakspeare
et, de nos jours, Balzac, Zola, etc.; v. par exemple Fausto
Squillace, *Sociologia artistica*, p. 232). Mais la cécité qui
frappe l'amant ne le touche que sur un point déterminé;
elle correspond à l'idée fixe qui hante l'artiste, à son imagination éclectique qui, loin de copier servilement la réalité, en exagère les traits fondamentaux. L'artiste aussi
ferme les yeux sur certains caractères réels, pour les
ouvrir tout grands sur d'autres. Ainsi fait l'amant dont
la clairvoyance et la divination sur tous les points qui ne
le gênent pas dans son attitude esthétique, sont vraiment
admirables et égalent la lucidité de vision des plus grands
poètes. Cette propriété de l'art s'explique par la position
intermédiaire qu'il occupe entre la vie pratique dont il
stimule l'effort, et la vie contemplative du penseur et du
savant dont il procède et sur laquelle il réagit sans cesse.
Position neutre de spectateur et d'arbitre qui revêt peu à
peu à nos yeux tous les caractères d'une sagesse supérieure!

Disons un mot de cette classe particulière d'états ou
d'affections de l'âme, l'amour du prochain, la charité, la
bienveillance, etc. Ces phénomènes ne sauraient trouver
de place parmi les faits esthétiques; ils appartiennent à
l'ordre de la conduite, de l'activité technique; ce sont des
manifestations du mode ultime de la pensée sociale. Les
diverses formes d'art, y compris l'amour et l'amitié, stimulent et renforcent cette sorte d'activité et les sentiments qui l'accompagnent; elles peuvent même les faire
naître (en collaboration toutefois avec les croyances générales et les connaissances acquises); mais ce n'est pas là
une raison pour confondre ces deux ordres essentiellement distincts de faits sociaux.

Nous avons accordé des circonstances atténuantes à la
« jalousie » considérée comme une revendication encore
barbare du droit exclusif de propriété artistique. Mais
nous ne la condamnons pas moins pour cela et nous

sommes heureux de constater qu'une évolution se produit
dans les esprits, qui tend à enlever à cette propriété,
comme à toutes les autres, son caractère excessif et
abusif, qui tend à rendre aux choses de l'amour le privi-
lège sacré de toutes les richesses esthétiques, à savoir,
qu'à la différence des biens matériels, elles ne s'épuisent
pas par l'usage.

(26) V. *Constitution de l'Éthique*, p. 5 et 44; et *Revue philosophique*, mars 1902, p. 232.

(27) V. à ce sujet les intéressantes remarques du professeur Karl Bucher : *Arbeit und Rhytmus*, Leipzig, 3° éd.
1902. Cf. l'important ouvrage de M. A. Espinas : *Les origines de la technologie*, Paris, Alcan, 1897.

(28) *Constitution de l'Éthique*, p. 45; v. aussi p. 48-50 et
65-68.

(29) Il ne s'agira pas pour nous, cela s'entend, de ce
qu'on appelle quelquefois d'une manière impropre « la
liberté de penser » (illimitée par essence); mais bien de
« la liberté d'agir », de réaliser notre pensée, dans toutes
les sphères de l'action sociale : économique, juridique,
politique, technique, etc.

(30) V. plus particulièrement *Fondements de l'Éthique*,
p. 166; *Constitution de l'Éthique*, p. 95-98 et 100; et *Frédéric
Nietzsche*, p. 29-33.

(31) Élie Metchnikoff, le grand biologue dont les théories
et les découvertes éveillent toujours un vif intérêt, car elles
sont utiles et bienfaisantes au plus haut point, Élie Metchnikoff semble partager notre avis. « En progressant vers

le vrai but de l'existence, dit-il, en effet, à la fin de son nouveau livre (*Études sur la nature humaine*, Paris, Masson, 1903, p. 390-91), les hommes perdront beaucoup de leur liberté... Plus une connaissance devient exacte et précise, moins on a la liberté de n'en point tenir compte. Autrefois, chacun pouvait librement enseigner que la baleine est un poisson; mais depuis qu'il est établi d'une façon précise que cet animal est un mammifère, la faute n'est plus permise. Depuis que la médecine est devenue science exacte, la liberté des médecins est beaucoup plus restreinte. On a vu déjà des praticiens condamnés pour ne pas avoir suivi les règles de l'asepsie et de l'antisepsie. Certaines libertés, comme celle de ne pas faire vacciner contre la variole, de cracher sur le plancher, de laisser courir les chiens sans muselières et tant d'autres encore sont dignes des temps incultes et devraient disparaître avec le progrès de la civilisation. »

Dans tout ce passage, j'ai à peine besoin de le faire remarquer, le mot de liberté conserve sa signification courante, équivoque et abusive. Il y a donc lieu de le remplacer, soit par le terme de *tolérance* indifférente ou expectante, de tolérance qui attend les résultats futurs de la recherche scientifique, soit — ce qui semble exprimer la véritable pensée de l'auteur — par celui d'arbitraire et de despotisme.

La tolérance est une ignorance, c'est-à-dire une faiblesse, consciente d'elle-même; et l'arbitraire est une ignorance, c'est-à-dire une faiblesse, qui se prend mensongèrement pour un savoir, pour une force. Aussi ces deux choses, la tolérance et l'arbitraire, doivent-elles, à la longue et dans tous les cas particuliers, céder la place au pouvoir de la science et à la liberté d'agir où s'incarne ce pouvoir.

(32) Cité par M. De Greef dans ses *Problèmes de philosophie positive*, Paris, Schleicher, 1900, p. 12. Rappelons

que certaines vues de Spinoza, sans parler de celles plus
récentes d'Auguste Comte, se prêtent à la même interprétation.

(33) La série ou chaîne des causes et des effets peut être
brève, longue, indéfinie, infinie, — il suffit qu'elle existe
pour mériter pleinement le nom d'évolution.

(34) La vieille méthode de Platon resta longtemps classique. Kant l'employa à son tour. Les réalités suprasen-
sibles du penseur grec, les types éternels des choses
devinrent chez lui les *formes* — terme éminemment artistique — de notre connaissance. Il agita, en outre, à pro-
fusion, comme on sait, les spectres pâles des noumènes
inaccessibles et fit réapparaître, par ses savantes incan-
tations, les fantômes irréels de Dieu, de l'âme, du libre
arbitre. Tout cela devait suffire à la gloire — et à la popularité — d'un seul penseur.

(35) Elie Metchnikoff, dans ses *Études sur la nature
humaine, essai d'une philosophie optimiste* (Paris, Masson,
1903), soumet à un examen biologique et philosophique
approfondi trois sortes de questions : 1° les désharmonies
dans l'organisation et le fonctionnement des divers appareils qui constituent le corps humain, et les désharmonies dans le jeu de certains instincts tels que l'instinct
familial, l'instinct social et surtout l'instinct de la conservation ; 2° l'avortement des tentatives faites par les religions et les systèmes philosophiques pour amoindrir le
mal résultant des désharmonies de l'ordre organique ;
3° le rôle de la science biologique dans la même entreprise.

(36) On m'a déjà maintes fois reproché d'écrire des
livres « touffus ». Je m'incline volontiers devant cette cri-

tique qui me paraît des plus méritées. Mais s'agit-il d'un tort irrémissible? Et, pour continuer la comparaison, faut-il que toute « forêt » s'aménage en promenoir propice aux déambulations des foules, en jardin de Lenôtre aux lignes symétriques, tirées au cordeau? Si l'idée me vient jamais de composer un livre de classe ou de vulgarisation scientifique, j'aviserai comme tout le monde à faire quelque chose d'aussi « rectiligne » et de « clairsemé » que possible.

(37) *Opus. cit.*, p. 191.

(38) Le noumène conçu comme une réalité soustraite à toute action, même *indirecte*, des sens, s'assimile au zéro atteint par l'élimination successive, dans un agrégat concret donné, de tous les attributs qui le composent. Mais ce zéro forme lui-même, à son tour, un agrégat « diminué » ou d'une autre sorte que l'agrégat primitif, à savoir, un vocable, un *nom*.

(39) Parmi les propositions qui subissent encore ce stage préparatoire — caractérisé malheureusement bien plus par le silence fait autour d'elles que par la controverse active et vivante — je dois aussi mentionner ma théorie des quatre modes essentiels de la pensée sociale, considérés non seulement comme des faits à la fois organiques et surorganiques, mais encore comme autant de facteurs de tout progrès et de toute civilisation.

(40) La pensée synthétique et apodictique ne pouvant jamais s'exercer (même sous sa forme théologique ou métaphysique) que sur les résultats acquis par la pensée analytique et hypothétique, résultats qu'elle condense et coordonne à sa manière, une *loi de stricte corrélation* relie l'œuvre du philosophe à celle du savant. Mais cette loi,

dont j'ai étudié le fonctionnement dans mon travail sur
L'Ancienne et la Nouvelle Philosophie, ne commence à
frapper notre esprit que lorsque la confusion initiale des
deux termes corrélatifs cède enfin la place à leur séparation rigoureuse.

L'analyse forme l'âme de la science spéciale. Elle ne
s'arrête que devant les divisions ultimes des choses, les
éléments irréductibles qu'elle a pour but précis de nous
faire connaître. Mais elle ne les atteint pas avec facilité ni
du premier coup. Elle passe par des tâtonnements sans
nombre, elle traverse une suite d'épreuves qui la rendent
de plus en plus subtile et pénétrante.

Dans sa période de début, la pensée analytique se confond avec l'expérience rudimentaire. Elle décompose les
réalités concrètes en une longue file d'aspects superficiels,
d'attributs qui frappent grossièrement nos sens. Et elle
se figure volontiers que le cerveau est le miroir fidèle
du monde. Dans une phase ultérieure, alors que l'expérience s'appuie déjà d'une façon inconsciente sur la raison
et la logique collectives (comparaison de cas nombreux et
variés, emploi de méthodes différentielles, etc.), la pensée
analytique décompose le monde en une série de sensations
élémentaires qu'elle assimile à autant de « réponses » de
l'organisme vivant aux excitations du dehors. Elle ramène
ainsi les choses à l'un des composants de toute connaissance, l'élément organique ou vital. La raison reconnaît le
monde pour sa représentation du monde. Mais elle ne va
guère plus loin. Dépassant le nouménisme inconsciemment
moniste de la première phase, elle lui oppose un phénoménisme radicalement dualiste.

L'univers devient à ses yeux une énigme impénétrable
dans son essence et connue seulement par son résultat ou
sa manifestation organique. Et la formule : « le monde est
ma représentation du monde », signifie en vérité : « le
monde n'est pas ou pourrait fort bien ne pas être ma
représentation du monde ».

Mais un troisième stade, amené par les progrès des branches particulières de la connaissance, survient dans l'histoire de la pensée analytique. L'univers nous apparaît alors comme le produit combiné de nos sensations et de certains rapports constants de ces sensations avec celles des autres êtres pensants qui nous entourent. Nos connaissances se laissent analytiquement réduire à leurs deux composants ultimes : l'élément organique, la sensation, et l'élément surorganique, la socialité. La sensation en particulier s'envisage comme une abréviation sténographique, si l'on peut dire, de l'univers dont nous-mêmes faisons partie. Supposer que ce sténogramme dénature la réalité qu'il enregistre, semble à tous égards une hypothèse gratuite et aussi peu fondée que celle qui admettrait que la parole et l'écriture ont pour fonction essentielle de déformer les idées qu'elles expriment. Cela peut arriver et cela arrive dans certaines conditions qualifiées d'anormales, ce n'est pas la règle ordinaire. Celle-ci est contenue dans le rapport d'égalité : le monde est *notre* représentation du monde, rapport dont la valeur repose sur la possibilité toujours présente d'intervertir ses termes et d'affirmer que notre représentation du monde est le monde.

Dans une suite d'articles curieux et par là attachants, — comme la plupart des écrits de ce chef du haut « torysme » intellectuel en France, — M. Ferdinand Brunetière place son idéal social et religieux bien connu sous le patronage de la pensée d'Auguste Comte. Il conclut en affirmant que « l'*utilisation du positivisme*, — de cette métaphysique, dit-il, qui nous conduit jusqu'au seuil du Temple, — sera la première étape du XXᵉ siècle sur les chemins de la croyance ». (*L'Équation fondamentale*, Revue des Deux-Mondes, 15 septembre 1903).

Grâces soient rendues à M. Brunetière dont la conversion, — plus topique que celle de bien d'autres, — confirme à nouveau l'âpre justesse de ma critique du positivisme comtiste (déjà vieille de quelque quinze à vingt ans).

M. Brunetière s'arrête aujourd'hui à Comte (comme naguère à Bossuet). Est-ce là, chez ce stratège, un parti pris prudent, une tactique habile, ou un manque complet — et cruel — d'information ? Quoi qu'il en soit, il ne souffle mot de la large et féconde évolution des dogmes philosophiques après la mort de Comte. En particulier, ce qu'on a appelé le mouvement néo-positiviste (ou hyperpositiviste) n'existe pas pour lui.

(41) Cette démonstration, on me pardonnera de le rappeler à la mémoire parfois défaillante de quelques écrivains contemporains, fut faite dans mon livre sur l'*Inconnaissable* (paru en 1889).

(42) Ces mêmes esprits néanmoins confessent déjà, malgré eux, une partie de la vérité. Sans aller jusqu'à mettre en équation la chaîne totale des concepts positifs et la chaîne entière des concepts négatifs, beaucoup de philosophes écartent, comme illusoires, quelques termes dans l'une ou l'autre de ces deux séries. Un certain désarroi, un assez grand désordre signala ces tentatives encore empreintes du vieil esprit pessimiste et agnostique. Les uns — ce fut le cas du positivisme — nièrent l'unité et la liberté. Mais ils n'osèrent point rejeter maints concepts analogues (Dieu, le noumène, la cause première, la fin ultime); ils préférèrent les déclarer inconnaissables, ce qui, aux esprits portés à l'indulgence, put paraître une façon mitigée, ou encore habile, de les renier. D'autres — ce fut le cas de l'agnosticisme kantien — abolirent, pour une partie considérable du monde des phénomènes, la nécessité immanente, qu'ils remplacèrent par sa doublure transcendantale, l'impératif catégorique, et ainsi de suite. Il y eut, en somme, dans cet ordre d'idées, une variété de combinaisons assez semblable à celle qui s'obtient en groupant de diverses manières une suite bornée de nombres.

« Plongés dans le demi-jour ou les demi-ténèbres de ces compromissions, les problèmes les plus ordinaires revêtaient des apparences terribles, prenaient des proportions démesurées ou colossales. Ce caractère fantasmagorique leur est encore souvent attribué aujourd'hui. N'entend-on pas dire, par exemple, que l'office du savoir est éminemment destructeur, qu'il « n'apparaît pas qu'il ne ruine »? Et n'en conclut-on pas l'existence d'un contraste violent, d'une lutte ardente entre la connaissance et la vie? Or, si la science révolutionne le monde, les forces organiques y produisent, jour par jour, des bouleversements non moins considérables; et si la vie se défend âprement contre la mort, — les forces surorganiques représentées par le savoir se défendent non moins énergiquement contre cette mort surorganique, l'arbitraire de l'ignorance. La Vie et la Connaissance ne détruisent sans cesse que pour enfanter sans trêve. Leur antagonisme — si l'on peut raisonnablement parler à ce propos d'antagonisme — commence là où l'une empiète sur le terrain de l'autre. Mais un tel empiétement ne s'imagine — à moins de vouloir couper bras et jambes à la logique la plus élémentaire — que dans le seul domaine de la connaissance. Il ne peut s'agir, en vérité, que d'un conflit d'attributions, que d'une question de compétence entre le savoir et les méthodes biologiques et le savoir et les méthodes sociologiques.

On entend dire encore que le « problème philosophique » se décompose en deux grandes enquêtes. La première consiste à demander : quel est le sens de la vie? ce qui équivaut à poser la question : une explication de l'univers est-elle possible? Et la seconde consiste à demander : comment vivre? c'est-à-dire, en d'autres termes, une morale peut-elle être constituée, et sur quelles bases?

Or, et puisqu'on peut à peine se représenter un cerveau humain sans quelque chose — germe obscur ou embryon informe — qui réponde à l'idée que l'esprit se fait d'une

philosophie et d'une morale, le double et terrible problème
se trouve expérimentalement résolu aussitôt que posé. Mais
faisons crédit à notre enquêteur et admettons par hypothèse
que son angoisse soit motivée par le vœu, en somme, assez
naturel, de percer le nuage qui nous cache l'avenir, et que
sa question se doive formuler en ces termes : une explication *définitive* de l'univers et une morale à jamais *immuable*
sont-elles possibles? Au lecteur qui s'intéresserait à ce
problème — très différent du premier, mais très ancien,
mille fois soulevé déjà — nous osons donner ce conseil :
qu'il adresse la même question au physicien ou au chimiste : une physique, une chimie définitives et ne progressant plus se peuvent-elles imaginer?

TABLE DES MATIÈRES

LIVRE PREMIER

LE SURORGANIQUE DANS L'UNIVERS

LIVRE II

LES MODES ESSENTIELS DE LA PENSÉE SOCIALE

LIVRE III

LES PRODROMES D'UN ORDRE MORAL NOUVEAU

969-03. — Coulommiers. Imp. PAUL BRODARD. — 11-03.

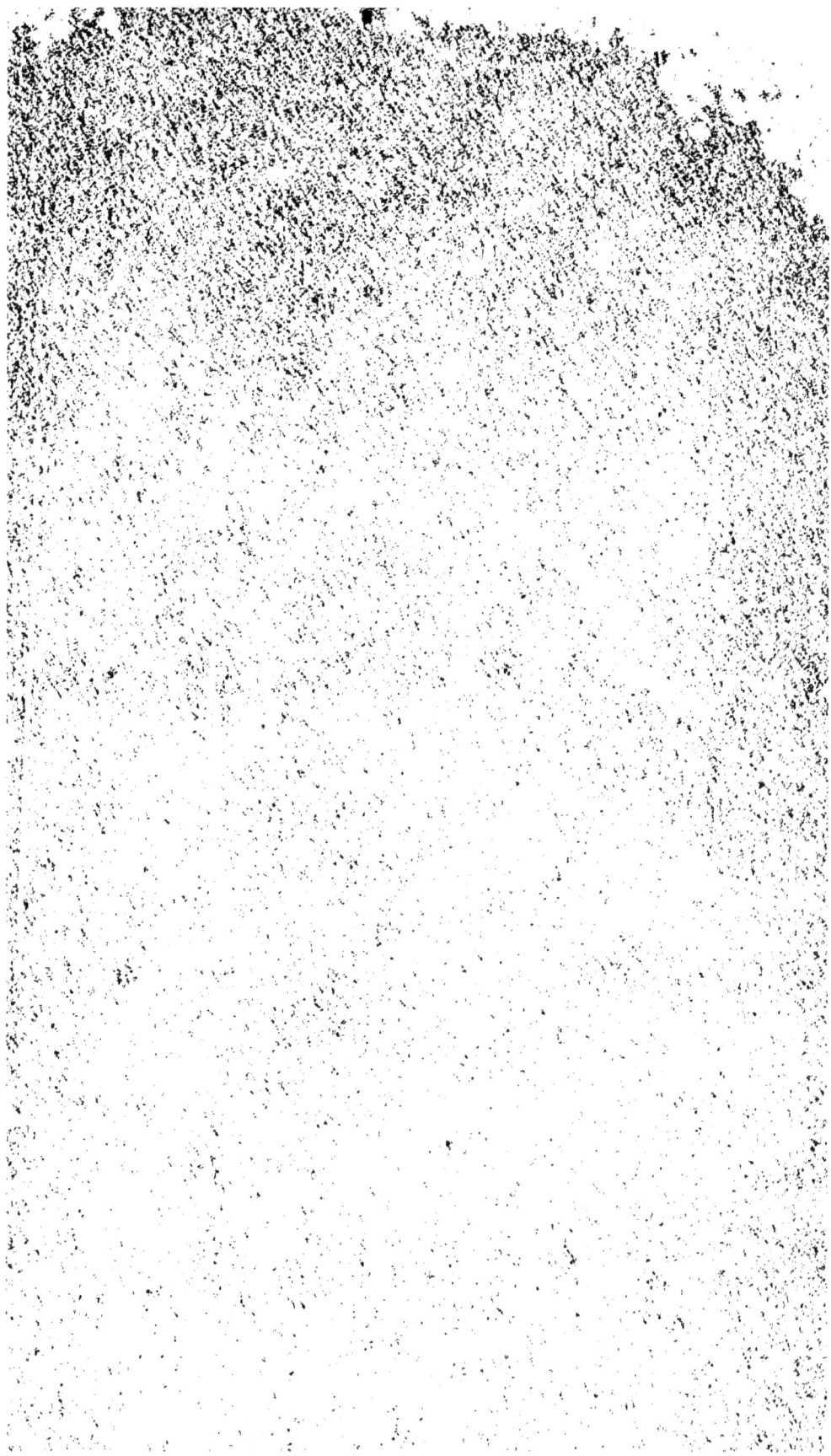

BIBLIOTHÈQUE DE PHILOSOPHIE CONTEMPORAINE
Volumes in-8, brochés, à 5 fr., 7 fr. 50 et 10 fr.

EXTRAIT DU CATALOGUE

STUART MILL. — Mes mémoires, 3e éd. 5 fr.
— Système de logique. 2 vol. 20 fr.
— Essais sur la religion, 2e éd. 5 fr.
HERBERT SPENCER. Prem. principes. 10e éd. 10 fr.
— Principes de psychologie. 2 vol. 20 fr.
— Principes de biologie. 6e édit. 2 vol. 20 fr.
— Principes de sociologie. 4 vol. 36 fr. 25
— Essais sur le progrès. 3e éd. 7 fr. 50
— Essais de politique. 4e éd. 7 fr. 50
— Essais scientifiques. 3e éd. 7 fr. 50
— De l'éducation. 10e éd. 5 fr.
PAUL JANET. — Causes finales. 4e édit. 10 fr.
— Œuvres phil. de Leibniz. 2e éd. 2 vol. 20 fr.
TH. RIBOT. — Hérédité psychologique. 7 fr. 50
— Psychologie anglaise contemporaine. 7 fr. 50
— La psychologie allem. contemp. 7 fr. 50
— Psychologie des sentiments. 4e éd. 7 fr. 50
— L'Évolution des idées génér. 2e éd. 5 fr.
— L'imagination créatrice. 5 fr.
A. FOUILLÉE. — Liberté et déterminisme. 7 fr. 50
— Systèmes de morale contemporains. 7 fr. 50
— Morale, art et religion, d'ap. Guyau. 3 fr. 75
— L'avenir de la métaphysique. 2e éd. 5 fr.
— L'évolut. des idées-forces. 2e éd. 7 fr. 50
— Psychologie des idées-forces. 2 vol. 15 fr.
— Tempérament et Caractère. 2e éd. 7 fr. 50
— Le mouvement positiviste. 2e éd. 7 fr. 50
— Le mouvement idéaliste. 2e éd. 7 fr. 50
— Psychologie du peuple français. 7 fr. 50
— La France au point de vue moral. 7 fr. 50
— Esquisse psych. des peuples europ. 10 fr.
— Nietzsche et l'immoralisme. 5 fr.
BAIN. — Logique déd. et ind. 2 vol. 20 fr.
— Les sens et l'intelligence. 3e éd. 10 fr.
— Les émotions et la volonté. 10 fr.
— L'esprit et le corps. 4e édit. 6 fr.
— La science de l'éducation. 9e édit. 6 fr.
LIARD. — Descartes. 2e édit. 5 fr.
— Science positive et métaph. 4e éd. 7 fr. 50
GUYAU. — Morale anglaise contemp. 6e éd. 7 fr. 50
— Probl. de l'esthétique cont. 3e éd. 7 fr. 50
— Morale sans obligation ni sanction. 5 fr.
— L'art au point de vue sociol. 2e éd. 5 fr.
— Hérédité et éducation. 3e édit. 5 fr.
— L'irréligion de l'avenir. 4e édit. 7 fr. 50
H. MARION. — Solidarité morale. 5e éd. 5 fr.
SCHOPENHAUER. — Sagesse dans la vie. 5 fr.
— Principe de la raison suffisante. 5 fr.
— Le monde comme volonté. 3 vol. 22 fr. 50
JAMES SULLY. — Le pessimisme. 2e édit. 7 fr. 50
— Études sur l'enfance. 10 fr.
WUNDT. — Psychologie physiol. 2 vol. 20 fr.
PICAVET. — Les idéologues. 10 fr.
GAROFALO. — La criminologie. 4e éd. 7 fr. 50
— La superstition socialiste. 5 fr.
G. LYON. — L'idéalisme en Angleterre au XVIIIe siècle. 7 fr. 50
P. SOURIAU. — L'esthét. du mouvement. 5 fr.
— La suggestion dans l'art. 5 fr.
F. PAULHAN. — L'activité mentale. 10 fr.
— Esprits logiques et esprits faux. 5 fr.
JAURÈS. — Réalité du monde sensible. 7 fr. 50
PIERRE JANET. — L'automat. psych. 4e édit. 7 fr. 50
H. BERGSON. — Matière et mémoire. 3e éd. 5 fr.
— Données imméd. de la conscience. 3 fr. 75
PILLON. — L'année philosophique. Années 1890 à 1902, chacune. 5 fr.
L. PROAL. — Le crime et la peine. 3e éd. 10 fr.
— La criminalité politique. 5 fr.
— Le crime et le suicide passionnels. 5 fr.
COLLINS. — Résumé de la phil. de Spencer. 10 fr.
NOVICOW. — Les luttes entre sociétés humaines. 3e édit. 10 fr.
— Les gaspillages des sociétés modernes. 5 fr.
DURKHEIM. — Division du travail social. 7 fr. 50
— Le suicide, étude sociologique. 7 fr. 50
— L'année sociolog. Années 1896-97, 1897-98, 1898-99, 1899-1900, 1900-1901, chacune. 10 fr.
— Année 1901-1902. 12 fr. 50
J. PAYOT. — Éduc. de la volonté. 16e éd. 10 fr.
— De la croyance. 5 fr.
NORDAU (MAX). — Dégénérescence. 2 vol. 17 fr. 50
— Les mensonges conventionnels. 7e éd. 5 fr.
— Vus du dehors. 5 fr.

AUBRY. — La contagion du meurtre. 2e éd. 5 fr.
BRUNSCHVICG. — Spinoza. 3 fr. 75
— La modalité du jugement. 5 fr.
LÉVY-BRUHL. — Philosophie de Jacobi. 5 fr.
— Lettres de J.-S. Mill et d'Aug. Comte. 10 fr.
— Philosophie d'Aug. Comte. 7 fr. 50
— La morale et la science des mœurs. 5 fr.
BINAC. — L'idée du phénomène. 5 fr.
G. TARDE. — La logique sociale. 2e éd. 7 fr. 50
— Les lois de l'imitation. 4e éd. 7 fr. 50
— L'opposition universelle. 7 fr. 50
— L'opinion et la foule. 2e édit. 5 fr.
— Psychologie économique. 2 vol. 15 fr. 50
G. DE GREEF. — Transform. social. 2e éd. 7 fr. 50
CRÉPIEUX-JAMIN. — Écrit. et caract. 4e éd. 7 fr. 50
SÉAILLES. — Essai sur le génie dans l'art. 3e éd. 5 fr.
Ve BROCHARD. — De l'erreur. 2e éd. 5 fr.
AUG. COMTE. — Sociol., rés. p. Rigolage. 7 fr. 50
E. BOUTROUX. — Études d'histoire de la philosophie. 2e éd. 7 fr. 50
P. MALAPERT. — Les élém. du caractère. 5 fr.
A. BERTRAND. — L'enseignement intégral. 5 fr.
— Les études dans la démocratie. 5 fr.
H. LICHTENBERGER. — Richard Wagner. 10 fr.
ESPINAS. — La philos. soc. au XVIIIe s. 7 fr. 50
THOMAS. — L'éducation des sentiments. 5 fr.
G. LE BON. — Psychol. du social. 3e éd. 7 fr. 50
RAUH. — De la méthode dans la psychologie des sentiments. 5 fr.
— L'expérience morale. 3 fr. 75
DUPRAT. — L'instabilité mentale. 5 fr.
HANNEQUIN. — L'hypothèse des atomes. 7 fr. 50
AD. COSTE. — Sociologie objective. 3 fr. 50
— L'expérience des peuples. 10 fr.
LALANDE. — Dissolution et évolution. 7 fr. 50
DE LA GRASSERIE. — Psych. des religions. 5 fr.
BOUGLÉ. — Les idées égalitaires. 3 fr. 75
F. ALENGRY. — Essai historique et critique sur la sociologie d'Aug. Comte. 10 fr.
DUMAS. — La tristesse et la joie. 7 fr. 50
G. RENARD. — La méthode scientifique de l'histoire littéraire. 10 fr.
STEIN. — La question sociale. 10 fr.
BARZELLOTTI. — La philosophie de Taine. 7 fr. 50
RENOUVIER. — Dilemmes de la métaphys. 5 fr.
— Hist. et sol. des probl. métaphys. 7 fr. 50
— Le personnalisme. 10 fr.
HOUGADE. — Le problème de la mort. 3e éd. 5 fr.
— Le problème de la vie. 7 fr. 50
SIGHELE. — La foule criminelle. 2e éd. 5 fr.
SOLLIER. — Le problème de la mémoire. 5 fr.
— Psychologie de l'idiot. 2e éd. 5 fr.
HARTENBERG. — Les timides et la timidité. 5 fr.
LE DANTEC. — L'unité dans l'être vivant. 5 fr.
— Les limites du connaissable. 3 fr. 75
OSSIP-LOURIÉ. — Philos. russe contemp. 5 fr.
LECHALAS. — Études esthétiques. 5 fr.
BRAY. — Du beau. 5 fr.
PAULHAN. — Les caractères. 2e éd. 5 fr.
LAPIE. — Logique de la volonté. 7 fr. 50
GROOS. — Les jeux des animaux. 7 fr. 50
XAVIER LÉON. — Philosophie de Fichte. 10 fr.
KAPPE. — Essais de critique et d'histoire de la philosophie. 3 fr. 75
OLDENBERG. — La religion du Véda. 10 fr.
— Le Bouddha. 2e éd. 7 fr. 50
WEBER. — Vers le positivisme absolu par l'idéalisme. 7 fr. 50
TARDIEU. — L'ennui. 5 fr.
RIBÉRY. — Essai de classification naturelle des caractères. 3 fr. 75
GLEY. — Psychologie physiol. et pathol. 5 fr.
SABATIER. — Philosophie de l'effort. 7 fr. 50
MAXWELL. — Les phénomènes psychiques. 5 fr.
SAINT-PAUL. — Le langage intérieur et les paraphasies. 5 fr.
LUBAC. — Esquisse d'un système de psychologie rationnelle. 3 fr. 75
E. DE ROBERTY. — L'ancienne et la nouvelle philosophie. 7 fr. 50
— La philosophie du siècle. 2e édit. 5 fr.
— Nouveau programme de sociologie. 5 fr.

9 782019 161224